# FORMER À L'ÉCOUTE

## 55 FICHES
## DE FORMATION À L'ÉCOUTE

### Livret du formateur

Éditions d'Organisation
1, rue Thénard
75240 Paris Cedex 05
www.editions-organisation.com

## OUVRAGES DE RENÉE SIMONET

**100 fiches d'expression écrite et orale à l'usage des formateurs** en collaboration avec J. LAVERRIÈRE et M. SANTUCCI, Éditions d'Organisation.
**Écrire pour agir au quotidien** avec A. Marret, en coll. avec J. SALZER, Éditions d'Organisation.
**La prise de notes intelligente** avec Jean SIMONET, Éditions d'Organisation.
**Comment réussir un exposé oral**, Dunod.
**Comment réussir une recherche de stage**, Dunod.

Collection fiches EO/FP dirigée par Armand DAYAN

---

Renée SIMONET    Jacques SALZER    Richard SOUDÉE

# FORMER À L'ÉCOUTE
## 55 FICHES
## DE FORMATION À L'ÉCOUTE

### Livret du formateur

Éditions
d'Organisation

*à Bertrand Girod de l'Ain*

# SOMMAIRE

## ÉCOUTER QUOI ?

# ÉCOUTER POURQUOI ?

# ÉCOUTER COMMENT ?

## MANIÈRES D'ÉCOUTER ET EFFETS SUR L'INTERLOCUTEUR

## LA RELANCE ET LA REFORMULATION

## L'ÉCOUTE DANS L'ENTRETIEN « NON DIRECTIF » ET « SEMI–DIRECTIF »

## LIVRET DU FORMATEUR

Entrer dans l'écoute par le jeu

# L'ÉCOUTE : PARTOUT ? TOUJOURS ?

ÉCOUTER viendrait du latin « *auscultare* » : Être tout ouïe. Et pourtant, face-à-face on « écoute » mais on « regarde » aussi ce qui se dit : Qui le dit ? Comment on le dit ? Où et quand on le dit ? Avant quoi ? Après quoi ? En faisant quoi ? Des mimiques du visage au regard et au mouvement, l'écoute par l'oreille s'agrandit et rejoint l'œil. Parfois même le toucher. Et ce qui se dit nous touche aussi ou nous laisse indifférent ?

Si on n'écoute pas, au sens large de « *être attentif à ce qui se passe autour de nous* », on ne peut pas répondre à la plupart de ces questions : Que s'est-il dit avant ? Qu'est-ce qui va se dire après ? A-t-on tout dit ? Qu'est-ce qui n'est pas encore dit ? Qu'est-ce qui ne sera jamais dit ? Dit-on la même chose à chacun ? De la même manière ? À une personne ? À un groupe ? Quand Untel n'est pas là et quand il est là ? Est-ce dicible ici, dans cette organisation ? Devant « l'autorité » ? Est-ce autorisé ? Est-ce acceptable ? En fonction de quoi ? Dit-on la même chose aujourd'hui qu'hier ? Et quel est le type de langage, dans cette institution ? Familier ? Châtié ? Suis-je conscient du fait que parfois je me parle à moi-même ? Qu'est-ce que je me dis ? Qu'est-ce que je dis aux autres ? Qu'est-ce qu'ils me disent ? Qu'est-ce que j'en fais ? Qu'est-ce que les autres font de ce que je dis ?

## L'ÉCOUTE COMMUNICATIVE

Ce livre concerne l'écoute dans ce sens large d'écoute communicative. Celle-ci remplit plusieurs fonctions :
1° L'ÉCOUTE, à la base, permet la communication. Elle ouvre à l'échange.
2° L'ÉCOUTE, consciencieusement assurée, est communicative au sens où elle invite l'autre à faire de même. Il arrive qu'elle fonctionne en miroir, l'écoute de l'un favorisant l'écoute de l'autre.

## L'ÉCOUTE... ON CONNAÎT !

A-t-on des choses à véritablement apprendre par rapport à ce que l'on nous a déjà appris, et que nous pratiquons depuis notre naissance ?

Et peut-être même avant ! Et qu'on nous demande après : « *ÉCOUTE CE QU'ON TE DIT !* ». De l'écoute autoritaire que l'on a parfois imposée (« *SILENCE ! ÉCOUTEZ CE QUE DIT LE MAÎTRE* »), à l'écoute-corvée de politesse, où l'on reste attentionné quand on n'a pas envie de l'être ; de l'écoute-passion où l'on écoute « des heures » telle musique ou tel être aimé, à l'écoute subjuguée devant tel orateur politique, philosophe, religieux, ou acteur à qui l'on a envie de dire « *Encore !* » ... l'écoute, on la pratique au quotidien !

## L'ÉCOUTE DANS LA RELATION DE POUVOIR

L'écoute est traduite par certains en relations de pouvoir :

– L'écoute-docilité perçue comme faiblesse soumise de celui qui se plie à l'écoute du maître, surtout quand on ne fait qu'écouter, sans être autorisé ou s'autoriser de sa propre parole ;

– L'écoute-force de celui qui sait renoncer temporairement à se mettre en avant et qui, ayant capté beaucoup d'informations, sait attendre son heure pour les organiser et s'affirmer. Celui qui écoute sait aussi recueillir l'assentiment et l'estime des autres (« *Il écoute très bien* »).

L'écoute quand on est en situation de pouvoir, permet aussi de prendre les décisions qui intègrent les besoins et les idées constructives des autres.

## DE L'ÉCOUTE, ÉCHANGE ET ACTION

C'est là que se produit parfois un étonnant glissement sémantique. Le mot « écoute » qui n'est qu'échange et communication (et non décision) est transformé par la magie de l'usage qu'en font les peuples en « action » : « *Avec lui on sait qu'on est écouté* » devient « *On sait qu'on est suivi et qu'il va faire comme on veut !* ».

L'écoute a ce statut mixte et parfois étrange :

– par l'écoute on apaise, on reporte, on endort, on fait de la psychologie parfois en donnant le sentiment d'entendre sans pour autant bouger : « *Cause toujours, ça n'engage à rien !* ».

– par l'écoute on fait évoluer, on agit, on perfectionne, on améliore ; on ne reste pas que dans le registre psychologique où l'on fait exister l'autre, le temps de sa parole. On le fait exister dans une reconnaissance par l'action, et par la réponse concrète à d'éventuels besoins exprimés et écoutés, dans le bon sens du terme. L'écoute dans ce cas devient : « *Je vous ai écouté et je m'engage à en tenir compte* ». D'ailleurs, l'expression « *C'est entendu* », signifie couramment « *On va le faire* ».

Comme s'il pourrait y avoir, une ÉCOUTE-ÉCHANGE, sans autre conséquence que l'échange temporaire, **et** une ÉCOUTE-ACTION, qui en serait la traduction et le prolongement dans les faits...

2

## L'ÉCOUTE EN SITUATION DE CONFLIT

C'est peut-être en situation de conflit qu'on a le moins envie d'écouter. On préfère avancer un argument en force. Mais comment celui-ci peut-il avancer sans être entendu ? Les ennemis n'aiment pas s'écouter. Cela les empêcherait sans doute de rester ennemis. Ils aiment parfois s'affronter. Le besoin de s'écouter pour saisir le mot au bond et enfoncer l'autre existe aussi : « *Tu dis n'importe quoi !* ». On fait quelquefois comme si on avait écouté pour critiquer. On transforme. On prête des interprétations aux propos entendus : « *Si tu as dit ça, c'est que tu ... »*. L'autre peut s'y reconnaître ou pas. Y répondre ou pas. Il a écouté, entendu. Il peut être atteint, se taire. L'utilisation de ce que l'on choisit d'écouter (ou pas) permet de temps à autre ces jeux. Parfois ce que l'on a écouté/entendu mène à des choses graves alimentant l'antipathie, le rejet, la haine. L'écoute malveillante existe aussi, comme l'écoute bienveillante. Et le besoin de l'ennemi et du conflit peut être plus fort que le besoin d'écouter et de se mettre d'accord. On préfère se poser en s'opposant. Mais même dans ce cas-là, il faut écouter un minimum pour riposter, pour contrer, contre-argumenter en fonction de ce qui a été dit ; ou, peut-être, justement, pour comprendre comment on en est arrivé là, et parcourir un nouveau chemin, après ce retour en arrière, pour écouter les besoins et construire ensemble, par un va-et-vient de parole et d'écoute, un équilibre acceptable. La plupart des guerres se terminent après maturation du conflit par une négociation. Peut-on accélérer celle-ci et réduire le nombre de victimes civiles innocentes par une écoute réciproque approfondie ? On constate ici que l'écoute touche à des choses graves et, dans certains cas, peut concerner le sort de centaines de milliers sinon de millions de personnes. C'est aussi le travail des diplomates.

## L'ÉCOUTE AU TRAVAIL : A-T-ON LE TEMPS ?

Dès qu'on ne travaille plus seul mais à plusieurs, chacun est dans des moments d'échange. Mais cet échange est aussi, comme on le constate dans plusieurs fiches ci-après, soumis aux limites du langage entre humains avec ses glissements, interprétations, sélections, oublis, distractions...

La reformulation-vérification de l'écoute en est un exemple :

« *Mais je vous avais bien dit d'utiliser le premier processus de fabrication pour que...*

*– Vous m'avez dit que vous préfériez que j'utilise le processus 1.*

*– Non. Je vous ai bien dit : « Le 1 ».*

*– Oui, mais je vous avais demandé lequel vous préfériez que j'utilise.*

*– De toutes les façons maintenant tout ce qui a été produit va en déchet.*

*– Cela n'ira pas en déchet parce que cela se rapproche plus de ce que le client demandait.*
*– Mais non !*
*– Vous n'êtes pas au courant de sa modification de commande ?*
*– Non. Et alors ?*
*– Je vous l'avais dit le lendemain. Vous deviez le noter.*
*– Écoutez, je n'ai pas le temps de discuter !*
*– C'est exactement ce que vous m'avez déjà dit la dernière fois !* »

C'est parfois après que l'on perd du temps, parce qu'on n'en a pas pris assez avant. Pour les choses graves, il est non seulement nécessaire d'écouter, mais aussi de vérifier l'écoute par l'accord de compréhension réciproque. Lorsque la décision est proche, l'écoute au travail doit être vérifiée. Les conséquences économiques, parfois mineures, deviennent parfois majeures : « *Et voilà ce qui arrive, vous ne m'avez pas écouté ! – Vous non plus ! – Quel gâchis !* »

Surtout dans les systèmes économiques emportés par l'urgence logique et salutaire en terme de productivité du juste-à-temps avec le minimum de moyens, le travail va se heurter à une autre logique du juste temps nécessaire à l'écoute et à sa vérification quand il y a décision. Il faut donc trouver au travail dans le juste-à-temps de la production un juste temps d'écoute efficace.

## UNE ETHIQUE DE L'ÉCOUTE

L'écoute est donc à double tranchant : une arme pour se battre, une disponibilité ouverte et bienveillante désarmante. À chacun d'en user à sa convenance. Le défaut d'écoute peut être utilisé comme une attaque de l'autre. Mais ce défaut est parfois erreur d'écoute. Celle-ci suppose la modestie de la condition humaine : « *Vous ne me l'avez pas dit, ou alors je ne l'ai pas entendu.* ». Comme ailleurs, la recherche du coupable n'est pas loin. À qui la faute d'écoute ? Faute d'écoute, il faudrait repasser le magnétophone permanent de nos conversations. Et encore ! Même dit, avec une écoute de bonne foi quelque chose peut ne pas être entendu et échapper.

Parce que les phénomènes d'écoute-entente-compréhension-sélection-mémorisation-reconstruction de souvenirs existent (de témoins, par exemple, qui, de bonne foi peuvent changer de version avec le temps), l'écoute est à travailler. **Il y a une éthique de l'écoute.** Elle rejoint l'éthique du secret, de ce qui est révélé par l'écoute : écoute de la confession auprès du prêtre, de l'histoire de la vie au psychanalyste, du secret médical. Elle rejoint l'éthique des services de renseignements, de l'interrogatoire policier. Il existe aussi une écoute musclée dans certaines situations cruciales : « *Nous avons les moyens de vous faire parler* » peut signifier aussi « *Nous sommes entièrement dans l'écoute de ce que nous voulons entendre* ». Il n'y a donc pas à idéaliser à notre sens, l'écoute en soi, comme bonne. On peut forcer à l'écoute, manipuler l'écoute, l'utiliser contre l'autre ou pour l'autre. L'éthique de ce que l'on en fait doit être présente à l'esprit de chacun.

## L'ÉCOUTE POUR MIEUX PARLER

L'écoute n'échappe pas à de nombreux handicaps. Ce livre nous y met en garde et veut éveiller notre vigilance pour mieux écouter. Mieux écouter, c'est aussi un moyen pour mieux dire, et comme on le verra ci-après, pour se préparer à un exposé, une enquête, un entretien, une réunion, une discussion, une négociation, une médiation ... dans le but d'un projet à accomplir ou d'un conflit à résoudre.

## L'ÉCOUTE, ON PEUT EN PARLER

Ce livre nous fait toucher de l'oreille et du doigt ce qui semble indicible, invisible, impalpable. Le silence de l'écoute prend forme et se traduit en action.

L'écoute se parlerait. Que dit-elle ? L'écoute agirait et ferait agir. De quelle manière ?

# FORMER À L'ÉCOUTE ?

La formation à ce qu'il est convenu d'appeler l'écoute fait partie intégrante des programmes pédagogiques centrés sur des thèmes tels que :
– la communication ;
– l'entretien ;
– la conduite de réunion ;
– l'efficacité en réunion ;
– les méthodes d'enquête ;
– les méthodes de recherche ;
– l'argumentation ;
– la négociation ;
– la médiation ;
– la gestion des conflits ;
– les méthodes de recrutement
…

Tous ces apprentissages font appel à des séquences de formation dans lesquelles la sensibilisation aux apports de l'écoute, l'entraînement aux différentes formes d'écoute, la mise en œuvre de l'attitude d'écoute dans diverses pratiques professionnelles sont inclus.

**Il s'agit de former à l'écoute et ce, en lien avec les situations dans lesquelles cette écoute favorise la communication.**

Écouter pour :
– s'informer ;
– mieux comprendre ;
– mémoriser ;
– poser des questions en phase avec l'interlocuteur ;
– répondre aux questions reçues ;
– donner des informations pertinentes ;
– répliquer ;
– se défendre ;
– aider ;
– conseiller ;
– décider ;
– argumenter et contre-argumenter ;
– faire avancer un projet ;
– travailler en équipe ;
– favoriser la synergie ;
– négocier ;
– concilier
…

Nous avons conçu cet ouvrage pour des formateurs appelés à former à l'écoute des publics différents, que cet objectif soit prioritaire ou qu'il constitue une étape dans un processus d'apprentissage.

Nous avons tenté de répondre à différents niveaux de difficulté dans l'implication des participants[1], depuis la découverte de la place de l'écoute dans les échanges interpersonnels et la sensibilisation au rôle qu'elle y tient, jusqu'à l'entraînement intensif à certaines pratiques d'écoute.

Les exercices que nous proposons sont variés, faisant appel aussi bien à l'improvisation, à la spontanéité, à l'attention au corps qu'au respect de règles méthodologiques et à la conceptualisation. Au formateur de faire ses choix en fonction de son public et de ses objectifs, démarche que nous avons facilitée en indiquant pour chaque exercice : ses objectifs, sa durée, le matériel requis, les différentes étapes de son déroulement, les variantes possibles, des commentaires relatifs à sa mise en œuvre, ses difficultés, ses apports.

Nous avons regroupé les fiches de formation autour de trois grands axes :
– ÉCOUTER QUOI ?
– ÉCOUTER POURQUOI ?
– ÉCOUTER COMMENT ?

À l'intérieur de ces parties nous avons opéré des regroupements autour de critères qui nous sont apparus pertinents mais l'utilisateur peut penser, lui, que telle ou telle fiche a sa place ailleurs et adapter le contenu à ses besoins.

Nous avons eu le souci d'associer à **des fiches pratiques d'animation** un « **LIVRET DU FORMATEUR** » dans lequel nous avons regroupé les apports théoriques et méthodologiques que nous n'avons pas développés à l'intérieur des fiches ou qui concernent plusieurs fiches. Nous y avons joint des lexiques thématiques. Des compléments d'information sont à la disposition du lecteur qu'il peut retenir à titre personnel ou utiliser comme supports à des apports didactiques.

L'utilisation du terme écoute renvoie à plusieurs courants théoriques que nous avons identifiés dans notre présentation. Et avant d'aborder les fiches de formation proprement dites, nous rappelons les acceptions du terme écoute en lien avec les « écoles » qui l'ont défini.

---

1. Nous désignerons dans tout notre ouvrage par le terme de participants, les personnes en formation.

# ÉCOUTE ANTIQUE, ÉCOUTE CONTEMPORAINE

Voici 2400 ans, Socrate écoutait ses élèves pour les amener à mieux se connaître. Il accueillait les questionnements pour conduire à une prise de conscience et une analyse. Sa maïeutique était une méthode d'accouchement des esprits. A chacun de savoir ensuite soi-même s'écouter. Sa devise – « Connais-toi toi-même » – l'a cependant précédé (cette maxime était gravée sur le temple de Delphes). Plusieurs cliniciens contemporains ont été qualifiés de socratiques ; parmi eux, Carl Rogers et Donald Winnicott.

Une part importante des réflexions récentes sur notre sujet vient en effet de thérapeutes qui ont développé l'écoute de la souffrance psychique de leurs patients, pour tenter de la soulager. A finalité pédagogique et philosophique avec Socrate, l'art de l'écoute a été ainsi développé à des fins cliniques. Les sociologues ont à leur tour apporté leur contribution. Aujourd'hui, de nombreuses disciplines enrichissent à leur façon l'art de l'écoute ; par exemple, l'improvisation théâtrale !

Sigmund Freud, dans ses travaux publiés au début du vingtième siècle, a désigné sous le terme d'**attention flottante** le mode d'écoute du patient pratiqué dans la cure par le psychanalyste. L'attention flottante favorise chez le patient la production d'associations libres. L'analyste s'efforce ainsi de ne pas sélectionner ce que dit le patient en fonction de ses réactions personnelles, il essaye de ne pas critiquer, de ne pas prendre parti. L'écoute psychanalytique passe par la mise en place d'un cadre permettant l'échange entre deux inconscients et l'élaboration d'interprétations. Pour Freud, l'analyste tente de contrôler ses mimiques et ses gestes, voire de garder une certaine distance tout en se réservant d'intervenir pour aider au travail d'interprétation qu'effectue la personne qu'il écoute. Le psychanalyste anglais Donald Winnicott a plus récemment imaginé une écoute analytique passant par le **jeu** (playing) et liée à la création d'un espace symbolique favorable.

Le psychologue américain Carl Rogers a fait de l'écoute l'objet principal de son travail. Il découvre l'écoute de la personne au contact de psychanalystes, mais s'écarte ensuite de cette influence pour créer – vers le milieu du siècle dernier – sa propre conception. Ses idées ont eu un impact si considérable que son attitude de « **compréhension** » est parfois prise comme synonyme d'attitude d'écoute. La pratique de la thérapie rogérienne, centrée sur le client se caractérise par une attitude non directive. Le praticien *« s'abstient de toute activité interventionniste telle celle d'explorer l'expérience du client, d'interpréter celle-ci ou de guider le client dans ses exploitations ou interprétations »*. Les travaux de Rogers ont débordé largement du cercle de la psychothérapie, pour entrer notamment dans le monde des relations professionnelles en entreprise. Ils sont encore d'actualité, car l'attitude de compréhension qu'il propose est toujours utile et aussi peu spontanée !

L'approche systémique de la communication, élaborée dans les années 1960-70, montre que l'écoute ne doit pas être réduite à un ensemble de séquences simples du type stimulus-réponse-renforcement. Un interviewer peut avoir l'illusion d'être à l'origine d'un entretien et de dominer en posant des questions, mais celui qui écoute et celui qui est écouté forment un « système » en interaction ; les stimuli viennent aussi de l'interviewé. Dans un tel système, Paul Watzlawick dit qu'« *on ne peut pas ne pas communiquer* ». Verbal ou non verbal, tout comportement a valeur de message. Nous pouvons ainsi écouter, dans l'**interaction** avec un partenaire, autre chose que ce que le partenaire aimerait nous faire entendre. Nous pouvons être attentif à ce qui lui échappe (hésitations, agitation, voix faible…).

Un dicton affirme qu'il n'y a pas pire sourd que celui qui ne veut pas entendre. La sociologie des organisations vient aujourd'hui confirmer l'adage. L'écoute et la non-écoute peuvent en effet être liées à des enjeux ou à des objectifs des interlocuteurs. Dans une situation concrète, pour un acteur social, l'écoute a plus ou moins de valeur ou plus ou moins d'intérêt. Une personne réputée savoir écouter semble parfois ne plus savoir. Ce peut être une **stratégie** délibérée, ce peut être aussi une attitude inconsciente. Lorsqu'on se trouve face à un public qui n'écoute plus, on peut essayer de comprendre la logique des acteurs : que rapporte un tel comportement de non-écoute à ceux qui le développent ?

Si les sciences humaines ont quelque chose à nous apprendre sur l'art d'écouter, d'autres disciplines moins sévères peuvent nous éclairer. Une pratique récemment revisitée, l'improvisation théâtrale est un exemple probant en la matière. Tout en donnant un sentiment de liberté, l'improvisation est une forme de jeu et elle a des règles. Parmi celles-ci, l'écoute des propositions des partenaires est tout à fait essentielle. L'acteur qui n'écoute pas se trouve rapidement hors-jeu. Et la gageure est d'écouter les autres en inventant librement soi-même, en exprimant ses émotions, en décidant très rapidement, sans retenue. L'improvisation repose sur le respect de ce que les partenaires imaginent. Ce que quelqu'un a créé – situation, personnage, objet… – en le rendant audible ou visible sur la scène, ne peut être nié ou ignoré : ces créations deviennent matière à jouer. L'écoute dans l'improvisation demande à la fois beaucoup d'ouverture (il faut accepter tout ce qui peut survenir de l'ensemble des partenaires et de soi-mêmes) et beaucoup de concentration (malgré les surprises, rester dans l'action). L'improvisation a le mérite d'inviter à une écoute créative, à la fois verbale et non verbale, consciente et inconsciente, personnelle et interactive. Elle peut, à titre d'exercice, être pratiquée par tous. À cet effet, nous proposons dans cet ouvrage un ensemble de fiches permettant son travail.

# ÉCOUTER QUOI ?

# ÉCOUTER LES MOTS

| | |
|---|---|
| **Objectifs** | Sensibiliser les participants au fait que l'on énonce et écoute les mots au travers de sa subjectivité. Introduire les concepts de dénotation et de connotation (voir livret du formateur : schéma et lexique de la communication). |
| **Matériel** | Autant de feuilles de papier A4 que de participants. |
| **Durée** | 1 h 30 à 2 h selon la taille du groupe. |
| **Déroulement** | **1ʳᵉ phase : L'explication des consignes** |

**1ʳᵉ phase : L'explication des consignes**

Chaque participant écrit un substantif (mot concret ou abstrait) en haut à gauche de sa feuille.
Chacun passe sa feuille à son voisin (de gauche ou de droite, à définir), lequel lit le mot, plie la feuille de façon à cacher ledit mot, et en écrit une **définition**.
Précisons qu'il n'est question ni de devinette, ni de mots croisés, mais bien de définition.
Chacun passe ensuite la feuille à son voisin qui va lire la définition, plier la feuille pour la cacher et proposer le **mot** qui lui semble correspondre à ladite définition.
Et ainsi de suite. La circulation continue jusqu'à ce que la feuille soit remplie avec l'alternance mot/définition. Elle doit se terminer sur un mot.
Si l'un des participants ne trouve aucun mot ou aucune définition à proposer, il indique son impossibilité par un signe comme un point d'interrogation – ce qui marque une rupture dans la compréhension – et fait passer la feuille au suivant qui a la possibilité de réagir différemment.

N.B. Il faut plier la feuille, toujours dans le même sens de telle sorte, qu'en la dépliant, on puisse lire sur la même face toutes les inscriptions (attention aux pliures en accordéon !).

En ce qui concerne le choix des mots, il est préférable d'éviter les mots faciles à identifier à partir d'un

---

2. Cet exercice est présenté sous le titre « jeu des définitions » , fiche 92 dans *Formation à l'expression écrite et orale – 100 fiches –* de J. Laverrière, M.Santucci, R.Simonet, Éditions d'Organisation, avec une exploitation pédagogique centrée sur la pratique de la définition ; il est ici, selon les mêmes modalités dans le déroulement, exploité dans le cadre d'une formation à l'écoute.

« indice » (« trompe » et « défenses » renvoient à éléphant, quelle que soit la qualité de la définition...).

L'animateur éventuellement « vérifie » les mots proposés avant de faire démarrer la circulation des feuilles.

### 2e phase : L'écriture

Les feuilles circulent. L'animateur est attentif aux points suivants :
- les participants plient les feuilles correctement ;
- ils ne communiquent pas entre eux ;
- même s'ils ont du mal à lire ou à comprendre ce qu'a écrit le participant précédent, ils ne demandent pas de précision, le mauvais déchiffrage d'une écriture étant un des parasites de la communication écrite.

### 3e phase : La collecte

Au fur et à mesure du remplissage des feuilles, elles sont transmises à l'animateur qui les centralise et les déplie.

Il faut ici éviter que chacun ne déplie la feuille qu'il a terminée, dans la mesure où d'autres feuilles continuent à circuler, et que cela contrarie le bon déroulement de la fin de l'exercice.

Quand toutes les feuilles sont récupérées, l'animateur lit à haute voix pour chacune d'elles, le mot de départ et le mot d'arrivée ; éventuellement s'il y voit un intérêt, quelques mots intermédiaires.

À l'expérience, on peut considérer que c'est un moment de surprise et de rire pour les participants qui découvrent les distorsions intervenues dans la circulation des mots, les transformations étant quelquefois incongrues (par exemple : le mot « institutrice », proposé au départ, est devenu « maîtresse », qui a été défini comme « femme aux mœurs condamnables » et a abouti à « putain » pour finir en « péripatéticienne »).

### 4e phase : L'exploitation

Les participants sont répartis en sous-groupes (de trois de préférence). L'animateur remet à chaque

sous-groupe un nombre de feuilles correspondant au nombre de participants. Il leur donne les consignes de travail suivantes :
– comprendre pourquoi certains mots n'ont pas « circulé », analyser les points de « dérapage » .
– analyser les définitions – qu'elles aient ou non permis une bonne circulation du mot concerné – et essayer de décoder ce qu'elles traduisent.
L'animateur passe dans les sous-groupes et les accompagne dans leur réflexion.

Au terme de ce travail, chaque sous-groupe rend compte des résultats de son analyse et éventuellement de ses questions. L'animateur note les remarques au tableau en structurant au fur et à mesure sa prise de notes de façon à les organiser autour d'axes différents :

1) **l'expression** proprement dite :
– l'absence de précision ;
– le manque de détails qui permettent de choisir entre des notions proches ;
– l'emploi de termes flous.

2) la **dimension subjective** des définitions et des mots proposés qui renvoient à :
– l'expérience personnelle ;
– des valeurs morales ;
– une idéologie ;
– un langage de clan ;
– une culture ou une micro culture précise ;
– des affects personnels…

**Commentaires**

L'analyse des mots proposés peut en outre mettre en évidence une lecture inattentive, partielle, interprétative…

Le bilan de ce travail est centré sur la présence du sujet dans la formulation et l'écoute des **mots** qui sont les **unités de base** du langage. Cela ouvre la réflexion sur ce qui se passe dans la communication quotidienne où nous utilisons généralement une quantité de mots incalculable.

L'aspect ludique de cet exercice le fait accepter très facilement. En contrepartie cela implique d'insister sur le sérieux des définitions et de prévenir les tentations de gags, devinettes, plaisanteries...

L'exploitation qui, elle, est menée avec méthode et relève d'une démarche de conceptualisation a le mérite de mettre en scène la communication au quotidien, dans sa plus simple expression.

**Variantes**

L'animateur, en cas de manque de temps, élimine la phase de travail en sous-groupe et établit une typologie des différentes façons dont la subjectivité s'est manifestée dans les définitions et les mots proposés en se fondant sur les données recueillies. À cet effet, il prend un petit temps pour choisir des illustrations pertinentes. Il peut alors soit instaurer une petite pause, soit occuper les participants en leur demandant d'essayer de produire la définition la plus acceptable possible du mot qu'ils avaient proposé, et la comparer à celle d'un ou de deux dictionnaires en dehors de la séance de formation.

**Objectif**

Sensibiliser les participants au fait que les mots renvoient à des idées préconçues, à des *a priori* qui peuvent intervenir dans la relation à l'autre.

**Matériel**

Un tableau.

**Durée**

Environ une heure.

**Déroulement**

Le principe de cet exercice repose sur l'association immédiate de représentations, clichés, *a priori*, idées préconçues à des mots entendus.

**1$^{re}$ phase : Les consignes**

L'animateur explique aux participants les modalités de l'exercice. Celles-ci doivent être bien comprises pour qu'aucune interruption n'intervienne ultérieurement ; une coupure introduirait des biais.

**2$^e$ phase : L'association libre**

L'animateur énonce des mots. À l'écoute de chacun d'entre eux, les participants notent individuellement et spontanément deux adjectifs qu'ils y associent.
Il énonce des substantifs appartenant à différents registres tels que :
— les nationalités : Anglais, Italien, Allemand, Chinois...
— les métiers : comptable, avocat, vendeur, professeur, mannequin, menuisier...
— les engagements : militant du PC, PS, FN, UMP, FO, CGT...
— les lieux géographiques : Paris, Londres, Rome...
— la culture : le musée, l'opéra, le rap...

Il va de soi que les registres choisis le sont en fonction des univers de référence des participants ; c'est à l'animateur à diversifier ses choix en fonction des publics concernés.

**3$^e$ phase : À la rencontre des idées préconçues**

L'animateur reprend chacun des termes et par un tour de table, renouvelé pour chaque terme, il demande aux participants d'énoncer les adjectifs qu'ils y ont associés. Il les prend en note au tableau et, lorsqu'un qualificatif réapparaît, traduit graphiquement cette présence dans sa notation.

Quelles que soient les convergences ou les divergences que les adjectifs traduisent, cet exercice met en évidence le fait que nous associons inconsciemment des représentations figées, voire caricaturales, à l'énoncé de certains termes. Cela intervient dans l'écoute des propos que nous entendons et dans notre approche des inconnus abordés à partir de représentations, d'*a priori*.

L'analyse des points de convergence fait ressortir les clichés véhiculés par rapport à des groupes : « *Les Anglais sont..., les Allemands sont..., tous les hommes politiques sont..., les comptables sont...* ».
L'animateur réfléchit avec le groupe sur cette thématique (les fondements des racismes par exemple) et sollicite des illustrations relevant de leur expérience personnelle (vécu, observations...).

**Commentaires**

Cet exercice, simple et fondé sur une expérience quotidienne permet d'aborder facilement la question des idées préconçues et ce qu'elles induisent dans la communication interpersonnelle.

**Variantes**

Si le groupe est important, la succession des tours de table est parfois fastidieuse.
L'animateur peut alors :
– demander aux participants d'utiliser des morceaux de feuille différents pour chaque mot proposé,
– former des sous-groupes à l'issue de l'énoncé des termes et charger chaque sous-groupe du travail de synthèse sur un ou deux termes, selon le nombre qu'il a choisi.

La mise en commun des travaux des sous-groupes est suivie de la phase d'exploitation énoncée ci-dessus.

| | |
|---|---|
| **Objectifs** | Développer l'écoute attentive.<br>Entraîner à la reformulation.<br>Sensibiliser aux différentes modalités de transformation dans la transmission d'un message. |
| **Matériel / Document** | Un matériel d'enregistrement et de diffusion audiovisuel.<br>Éventuellement le texte d'une petite histoire. |
| **Durée** | Une demi-heure. |
| **Déroulement** | Quelques participants (de 5 à 8 selon l'effectif du groupe) sont invités à sortir de la salle sans qu'il leur soit donné d'information sur les modalités de l'exercice à venir.<br><br>Pendant leur absence, ceux qui restent construisent une petite histoire ou prennent connaissance de l'histoire écrite que l'animateur leur a communiquée.<br>L'animateur les informe des modalités de l'exercice : l'un d'entre eux raconte la version convenue de l'histoire à un des participants extérieurs. Celui-ci la raconte au suivant et ainsi de suite. Ils reçoivent la consigne d'observation selon laquelle il leur faut noter les modifications qui sont apportées à l'histoire au fur et à mesure de sa transmission.<br><br>L'un des participants est introduit dans la salle et quelqu'un lui raconte l'histoire qu'il a ensuite à raconter. L'enregistrement commence dès cette première séquence.<br>À tour de rôle les participants rentrent dans la salle, écoutent puis racontent l'histoire.<br>Au terme de cette transmission, l'animateur recueille les commentaires sur les différentes distorsions intervenues : oublis, modifications, inventions, confusions, interprétations...<br><br>Puis l'enregistrement est visionné, ce qui permet aux participants-acteurs d'avoir une vue d'ensemble de la chaîne de transmission et de compléter les commentaires déjà exprimés. |

**Commentaires**

La dimension ludique de cet exercice qui en favorise la mise en œuvre ne doit pas occulter l'objectif pédagogique qui le sous-tend. C'est pourquoi l'animateur veille à bien centrer le groupe sur les tâches d'observation et d'analyse.

**Variantes**

Plutôt que de fonder la transmission du message sur une histoire l'animateur, selon son public, a recours à une présentation d'un élément de savoir : une découverte, une théorie, un concept, les résultats d'une recherche...

| | |
|---|---|
| **Objectifs** | Associer à l'écoute du discours explicite (ce qui est dit clairement, formellement) l'écoute du discours implicite (ce qui est sous-tendu, virtuellement présent dans un énoncé). |
| | Entraîner au repérage d'indicateurs linguistiques simples, accessibles aux participants, indépendamment de toute formation linguistique ou psychanalytique. |
| | Introduire à l'analyse de contenu. |
| **Matériel** | Un magnétoscope ou un magnétophone puissant. |
| **Documents** | Deux entretiens enregistrés (voir phase préparatoire) et le texte de leur retranscription (un exemplaire par participant). |
| **Durée** | Deux heures minimum. |
| **Déroulement** | **Phase préparatoire à la séance pour l'animateur : Les entretiens** |

L'animateur prépare préalablement les supports sur lesquels porte le travail.

Il mène et enregistre deux entretiens non directifs de 10 à 15 minutes, selon les modalités suivantes :

1) les deux interviewés appartiennent à une même population ;
- des étudiants d'une même filière dans la même université,
- des personnes exerçant le même métier dans des conditions similaires : même institution (des enseignants du primaire public, même niveau), même secteur d'activité (des chauffeurs de taxi indépendants d'une même ville), même entreprise (salariés d'un même service), même association (bénévoles effectuant des activités similaires).

2) les deux interviewés entretiennent un rapport différent à leurs études, leur métier ou leur engagement associatif. (Il convient peut-être de pratiquer quelques entretiens pour trouver les plus pertinents par rapport à ces critères).

3) la méthode d'entretien est la même : entretien non directif, démarré à partir de la même consigne qui pose clairement un thème à développer : « Vous êtes enseignant en CP, j'aimerais que vous me parliez de l'apprentissage de la lecture ; Vous êtes agent immobilier, j'aimerais que vous me parliez de vos relations avec vos clients acheteurs ; Vous êtes bénévoles dans telle association, j'aimerais que vous me parliez de vos rapports avec les services municipaux... ».

Les entretiens sont retranscrits et reproduits de telle sorte que chaque participant dispose, dans la 3ᵉ phase de la séance, d'un exemplaire de ceux-ci.

### 1ʳᵉ phase : L'écoute des entretiens

L'animateur fait écouter (et éventuellement visionner), l'un après l'autre, les deux enregistrements au groupe. Il lui demande de bien écouter et de prendre des notes de façon à être capable de rendre compte de chacun des entretiens.

### 2ᵉ phase : Compte rendu en sous-groupes et mise en commun

Les participants sont organisés en sous-groupes de trois ; Ils élaborent un compte rendu du contenu des entretiens et mettent en évidence les points de convergence et les points de divergence entre les deux entretiens.

Chaque sous-groupe présente ensuite les résultats de son travail (un rapporteur ou parole répartie). L'animateur note sur un tableau les éléments du contenu qui sont énoncés. Au fur et à mesure des présentations il indique graphiquement les redites (en soulignant, en mettant des barres...).

### 3ᵉ phase : Retour au texte

L'animateur remet à chacun des participants un exemplaire des entretiens retranscrits. Il leur demande de les lire en s'attachant au langage de chacun des interviewés et introduit la notion de discours implicite. Il leur distribue une liste d'indicateurs linguistiques et leur propose d'interroger les textes à partir de la question : « Qu'est-ce que le langage employé permet d'apprendre sur la position de l'interviewé qui n'est pas exprimé explicitement ? ».

## LISTE D'INDICATEURS

La liste proposée ci-dessous de quelques indicateurs linguistiques ne se veut nullement exhaustive et ne fait appel qu'à une connaissance de base de la langue. Elle peut être proposée à tout public, avec éventuellement quelques explications si besoin est.

- **la manière dont sont nommées les personnes** (par exemple : un enseignant de classe maternelle selon la façon dont il nomme ses élèves : « les élèves », « mes élèves», « les petits », « mes petits », « les mômes », « les bambins », « mes bambins », « les enfants », « mes enfants »,... exprime la dimension affective de sa relation à eux).
- **Les pronoms** employés et leurs associations (ex : parlant du travail au sein d'une équipe, une personne peut dire : « nous », « on », «eux et moi », « eux et nous » ...). Les informations associées à chaque cas de figure donnent des indications, des pistes possibles sur la façon dont est vécue la collaboration dans le travail.
- La façon dont sont caractérisés certains termes par **des adjectifs, des pronoms relatifs, des incises** (exemple d'incise : ses collaborateurs, *enfin ceux qui aspirent à faire carrière*). Par les termes qui qualifient les objets, les personnes, les situations... la personne qui parle donne des indications sur le regard, le jugement, les représentations qu'il en a.
- **Les répétitions** de termes, d'expressions, de phrases qui réapparaissent à certains moments du discours et qui peuvent être des indicateurs d'importance, de préoccupation...
- **L'usage de la forme affirmative et de la forme négative :** pour traduire une même idée, on produit des énoncés différents, à la forme affirmative ou négative. Même si l'information est la même, le choix de la forme traduit ce qui est valorisé ou non, privilégié.

Exemple 1 : Il n'a pas fait d'études, **mais** il a acquis un haut niveau de savoir / Il s'est formé tout seul et il a acquis un haut niveau de savoir.

Dans le premier cas l'absence d'études est présentée comme un handicap, dans le deuxième cas c'est l'autoformation qui est « positivée ».

Exemple 2 : Elle reste à Paris pendant les vacances parce qu'elle n'aime pas voyager / ... parce qu'elle apprécie de rester chez elle.

L'une et l'autre formulations coexistent mais elles ne pointent pas le même aspect de cet état de fait.

– **L'emploi des temps.** Un discours peut s'analyser par le biais des temps employés lorsqu'il y est fait référence à différents moments de la vie ou de l'expérience de celui qui parle. Il est intéressant de relever les changements de temps dans un même récit et de comparer les énoncés associés à chacun de ces emplois. Par exemple, une personne compare ses activités passées et présentes. Il est alors possible de dresser un tableau en mettant en regard les verbes au passé et les verbes au présent pour appréhender la façon dont sont perçus ces deux moments.
Par ailleurs, l'irruption insolite d'un temps dans un autre révèle parfois quelque chose. Par exemple, une personne raconte une expérience passée et dans la continuité de son récit emploie le présent, traduisant par là la survivance de son émotion, la trace indélébile laissée en elle par... ?

– **Les adverbes** qui apportent une information sur les modalités sont également considérés comme des indicateurs de la façon dont sont perçues, vécues, jugées, certaines personnes ou situations évoquées.

Ce travail se fait également en sous-groupes. Il est souhaitable de ne pas conserver les sous-groupes de la deuxième phase afin de ne pas enfermer les participants dans la confirmation de leurs conclusions antérieures.

**4ᵉ phase : L'exploitation**

Les sous-groupes rendent compte de leurs conclusions et l'animateur les note sur le tableau, en regard du premier compte rendu obtenu après le travail sur les entretiens enregistrés. Il fait apparaître les nouveaux éléments mis en évidence par rapport aux conclusions précédentes. Il amène les participants à différencier la nature des informations recueillies dans les deux approches.
Il fait ressortir la dimension interprétative de l'analyse du langage et pointe la part de subjectivité qu'elle implique, notamment si les différents sous-groupes n'ont pas « entendu » la même chose derrière les mots.

Il conduit le groupe à dégager les points qui différencient les deux interviewés et que le premier compte-rendu n'a pas mis en évidence.

Au terme de ces échanges il effectue une synthèse dans laquelle il insiste sur :
– l'écoute combiné de « ce qui est dit » et du « comment c'est dit » ;
– la dimension subjective de l'interprétation ;
– les risques liés à des conclusions hâtives et à des interprétations « sauvages ».

**Commentaires**

Cette sensibilisation à l'écoute du langage peut se faire dans le cadre d'entretiens menés par les membres du groupe eux-mêmes. Si le déroulement de la session de formation le permet, l'animateur demande à chaque participant de mener un entretien, la population et les modalités étant les mêmes pour tous (cf phase préparatoire). Nous proposons cette phase de formation dans la fiche n° 55.

Cet exercice demande une sérieuse préparation à l'animateur et le conduit à introduire des notions nouvelles.
Des précautions doivent être prises quant aux tentations d'interprétation abusive ou d'analyse sauvage hors de propos. Cela implique que l'animateur maîtri-

se bien lui-même les méthodes d'analyse de contenu et se limite à ce dont les membres du groupe sont susceptibles de tirer parti.

Pour les publics ayant recours à l'analyse de contenu d'entretiens, il convient de consacrer plusieurs séances de travail pour conduire les participants à mener ensemble des repérages d'indicateurs linguistiques et à être confrontés aux difficultés de l'interprétation.

# ÉCOUTER LE CORPS ET L'IMAGINAIRE

**Objectifs**

S'entraîner à être à l'écoute de l'imagination des autres et, simultanément, de sa propre imagination.

**Matériel**

Un morceau de tissu assez neutre, ne comportant pas de motifs figuratifs.

**Durée**

20 minutes.

**Déroulement**

Les participants forment un cercle. Un morceau de tissu est déposé au milieu du cercle. Ce peut être un torchon, une serviette, une écharpe, un voile... de couleur blanche ou unie.

Chacun essaye d'imaginer qu'il s'agit là d'autre chose que d'un morceau de tissu. La première personne qui se figure quelque chose s'approche du tissu et développe une action non verbale. Par exemple, quelqu'un prend le tissu, l'étale sur le sol et fait le geste d'écrire quelques mots comme s'il s'agissait d'une feuille de papier. Une seconde personne s'approche, chiffonne le tissu et joue à la balle avec. Une troisième déplie le tissu, le prend délicatement dans ses bras et le berce comme si c'était un bébé...

Le démarrage étant difficile, le formateur est parfois le premier à imaginer quelque chose avec ce tissu. Il peut aussi stimuler la participation des individus en proposant que l'on dépose le tissu aux pieds d'une nouvelle personne du groupe après chaque manipulation. Il incite au développement d'une grande spontanéité et d'une fluidité dans la succession des manipulations. Il propose que cette période d'association non verbale se fasse sans commentaires.

Un même participant a la possibilité d'entrer dans le jeu à plusieurs reprises. Le formateur encourage l'implication de chaque membre du groupe, sans pour autant imposer leur participation.

Après ce temps de jeu, les interlocuteurs, toujours en cercle, s'assoient. Le formateur propose une verbalisation sur les improvisations et les enchaînements. Comment entre-t-on dans le jeu ? Certaines personnes ont-elles été étonnées de ce qui a été imaginé par d'autres, à la suite de ce qu'elles avaient, elles, imaginé ? Ont-elles été tentées de poser des questions, de juger ? Est-il important de savoir qu'on n'est ni questionné ni jugé, lorsqu'on laisse aller son imagination ? L'association libre a-t-elle été parfois difficile pour la personne qui imaginait ? Comment ont-elles vécu d'être à la fois à l'écoute de l'imagination des autres et de leur propre imagination ?

**Commentaires**

L'écoute dont il est ici question ici, est bien différente de l'écoute focalisée sur un objectif précis. L'état de rêverie qu'elle nécessite demande de laisser la raison sommeiller un moment.

Le but de l'exercice n'est pas d'« interpréter »* verbalement les fantaisies imaginées par chacun dans un processus d'« association libre »*.

Il est intéressant de prendre conscience de la nécessité – pour entrer dans ce « jeu* » – de ne pas opérer de censure à la fois, sur sa propre imagination, et sur celle des autres.

Le tissu facilite la production de rêveries imaginées par les participants. Avec l'ensemble du jeu proposé, il fait partie de l'« espace transitionnel* » que le formateur crée avec les participants.

*Voir lexique et document annexe « Écoute et approche psychanalytique » dans le Livret du Formateur.

**Objectifs**

S'exercer à entrer un moment dans le rythme d'un autre sur un plan non verbal.

Trouver un apaisement et un sentiment de confiance dans la relation en acceptant de respirer un moment sur un même rythme régulier et calme.

**Matériel**

Aucun.

**Durée**

15 minutes.

**Déroulement**

L'exercice consiste par groupes de deux à observer, puis à accompagner durant quelques minutes la respiration d'une autre personne.

Le formateur demande aux participants de trouver chacun un partenaire.

Une des deux personnes s'allonge sur une table et se détend (si l'on peut faire l'exercice dans une salle de sport, sur des tapis ou des tatamis, c'est encore préférable ; celui qui ne s'allonge pas s'agenouille ou s'assoit en tailleur).

Le formateur donne quelques consignes pour faciliter la relaxation :

– aux personnes allongées : « Vous laissez votre respiration devenir calme et régulière. Lorsque vous inspirez, vous laissez votre ventre se dilater naturellement. Lorsque vous expirez, votre ventre devient plat ».

– aux personnes restées debout : « Lorsque la respiration de votre partenaire devient régulière, vous essayez vous-même d'entrer dans ce rythme et de respirer peu à peu au même rythme. Puis vous accompagnez le mouvement de respiration de l'autre en mettant une main légèrement au-dessus de son ventre. Lorsque la respiration du partenaire est devenue régulière, vous appuyez légèrement sur son ventre pour accompagner son expiration. Maintenant, vous revenez à un accompagnement à distance de la respiration, la main à quelques centimètres du ventre de votre partenaire. À présent, vous retirez votre main et continuez un moment à respirer au même rythme ».

Le formateur propose ensuite de reprendre l'exercice en inversant les rôles ou en changeant de partenaire.

Un moment de verbalisation permet à chacun d'exprimer les difficultés rencontrées pour entrer dans le rythme de la respiration de l'autre.

**Commentaires**

Cet exercice demande que les personnes du groupe développent entre elles un contact corporel. Le formateur doit évaluer la possibilité et la pertinence de ce mode de relation dans le cadre de la formation. L'expérience montre cependant que si le formateur propose l'exercice de façon dynamique et sans être gêné lui-même par ce contact corporel, des participants d'âge et de statut très divers s'impliquent dans l'exercice et en tirent profit (de nombreuses activités nécessitent par ailleurs un tel contact corporel : arts martiaux, yoga, danse, travail de l'acteur, etc.).

L'exercice a souvent un effet apaisant sur la relation entre les partenaires qui respirent ensemble. Dans certains cas, une gêne peut apparaître. Le formateur doit être attentif aux personnes : en n'imposant pas l'exercice si certaines le rejettent (situation rare), en aidant au choix des partenaires s'il s'avère difficile (difficultés liées au sexe, à l'âge, etc.), en participant lui-même à l'exercice en cas de nombre impair de participants.

**Variantes**

De nombreux exercices corporels pratiqués à deux et qui demandent une écoute, remplacent ou complètent l'exercice proposé. Il est important dans un travail sur l'écoute, que l'écoute du corps de l'autre soit un moment abordée.

Des approches beaucoup plus engagées dans le contact corporel, des techniques simples de massage par exemple, sont aussi une excellente opportunité de travailler et de réfléchir sur l'écoute de l'autre.

Lorsque nous allons chez le coiffeur, nous aimons qu'il soit à notre écoute. Nous apprécions qu'il s'intéresse à nous plutôt qu'il nous coiffe machinalement.

Observons alors ce qui se passe : les mots échangés ne sont qu'une petite partie de la relation. Si nous ressortons réconfortés de son salon, c'est que nous avons été un moment portés par son regard attentif, par ses gestes et par ses sourires.

| | |
|---|---|
| **Objectifs** | Prendre conscience de l'influence d'aspects non verbaux de la voix des autres sur notre désir d'écouter. Essayer de donner à l'autre le désir de nous écouter. Travailler sur la rétroaction (le feed-back). |
| **Matériel** | Aucun. |
| **Durée** | 20 minutes. |
| **Déroulement** | Le formateur invite les participants à se regrouper à l'extrémité d'une grande salle (sur l'estrade d'un amphi par exemple). Il présente le déroulement de l'exercice : une personne volontaire se place à l'autre extrémité de l'espace et tourne le dos au groupe. Chaque participant l'appelle tour à tour (par son prénom ou éventuellement par son nom) et elle doit réagir sans se retourner à cet appel. Elle signifie par un geste si elle est touchée ou non par l'appel : un pouce levé peut signifier qu'on est touché agréablement, un pouce baissé qu'on est touché désagréablement, et un mouvement de la main qu'on n'est pas touché ou peu touché. Quelques volontaires se succèdent ainsi dans le rôle de « l'écoutant ». |

Après chaque passage d'un « écoutant », un bref échange est proposé entre celui-ci et ceux qui l'ont appelé. À quoi l'« écoutant » a-t-il été sensible ? Est-ce au ton d'une voix (expression douce, agressive...) ? À son placement (voix gutturale, voix nasillarde...) ? À son intensité (forte, faible...) ? À son timbre (métallique, chaud...)? À son registre (grave, aigu...) ? Si l'« écoutant » a parfois signifié qu'il n'était pas touché, est-ce parce qu'il n'a pas eu le sentiment qu'on s'adressait à lui ?

Ces brefs échanges sont dirigés par le formateur de manière à faire ressortir la subjectivité de l'« écoutant » lorsqu'il déclare être touché – positivement ou négativement – mais aussi le lien entre le sentiment d'être ou non touché et les caractéristiques de chaque appel.

Certains appels peuvent être améliorés au cours de l'exercice. Un participant a la possibilité d'effectuer plusieurs tentatives d'appel, en modifiant l'intensité de sa voix, le ton, en s'efforçant de mieux viser l'écoutant, en l'interpellant plus personnellement. L'intérêt de la « rétroaction »* est souligné par le formateur.

Il propose à un moment aux participants de ne pas crier, de parler le plus doucement possible, de chuchoter. Il montre que l'écoutant peut être touché avec une puissance sonore réduite.

**Commentaires**

Avant cet exercice, il faut que le formateur possède quelques notions de base sur le travail de la voix : le ton (qualité de la voix liée à l'humeur, à l'intention, à l'attitude de l'émetteur : ton ferme, pédant, plaintif...), le timbre (qualité spécifique d'une voix, indépendante de sa hauteur et de son intensité – voix argentine ou voilée – comme pour chaque instrument, guitare, violon... qui a son timbre spécifique), la tessiture (bande de fréquence allant du son le plus grave au son le plus aigu qu'une personne peut émettre ; le medium est un registre situé au milieu de cette tessiture et qui convient bien à une voix).

De même, certaines notions de linguistique apportent des repères utiles : « rétroaction* », « message* », « code*, », « bruit* ». Des questions des participants sont parfois posées à ce sujet.

Le formateur peut cependant fort bien déclarer qu'il n'est pas spécialiste du travail vocal et de la linguistique. L'exercice se limite alors à montrer que le choix des mots et la puissance vocale ne sont pas seuls à favoriser l'écoute. Parmi les facteurs non verbaux, le ton et l'intention – liés au souhait de produire un certain effet sur l'auditeur – sont travaillés.

*Voir lexique et documents sur « Approche linguistique » et « Approche systémique » dans le Livret du Formateur.

**Objectif**

De façon prompte et fluide, être à l'écoute des sentiments et de l'imagination des autres, tout en gérant son émotivité.

**Matériel**

Aucun.

**Durée**

20 minutes.

**Déroulement**

Le formateur propose à la moitié du groupe (5 à 7 participants) d'improviser une scène sans parler. L'autre moitié du groupe est spectatrice. Elle peut ensuite improviser ou non la scène à son tour.

Dans un jardin public, des personnes arrivent une à une :
1. Avant d'entrer en scène, chacun imagine pour lui ce qu'il vient faire dans ce jardin (se détendre, manger un sandwich, attendre quelqu'un, draguer…).
2. Chacun pénètre ensuite dans le jardin et s'installe à sa façon, en choisissant sa place dans l'espace (s'étire, nettoie son siège, ouvre un journal, regarde sa montre…). Des interactions se développent entre les personnages (sourires, regards en biais, moues…).
3. Soudain quelqu'un voit un animal qui l'effraie (guêpe, rat, mygale…) et pousse un cri. Les autres cherchent à savoir ce qui l'a provoqué. Celui ou celle qui a crié ne dit rien, mais simplement visualise intensément cet animal et réagit à ses déplacements imaginaires. Les autres personnages réagissent à leur tour en s'efforçant de visualiser l'animal et ses déplacements. La scène évolue donc à travers un ensemble d'interactions muettes, ce qui n'exclut pas les cris, les rires, les soupirs, les pleurs...
4. Chacun développe un point de vue personnel sur la façon de maîtriser l'animal ; des tentatives diverses (écrasement, mise en fuite, capture, sauvetage…) se succèdent. L'action s'achève lorsque l'on a réussi à maîtriser définitivement l'animal.

**Commentaires**

Le fait d'improviser sans parole donne du poids aux sentiments éprouvés et aux réactions de chacun. L'improvisation verbale va en effet souvent trop vite pour permettre aux états émotionnels de se développer.

**ATTENTION DANGER**

Les acteurs doivent être attentifs à toutes les précisions apportées progressivement par les autres sur la situation, et considérer acquises de façon irréversible, ces précisions.

De nombreux rebondissements peuvent survenir. Pour que la scène évolue, il faut que chaque participant soit à l'écoute des sentiments et de l'imagination des autres, et en même temps soit sensible à ses propres réactions et les laisse se développer.

Après l'improvisation, le formateur invite les participants à s'exprimer. Il demande ensuite aux personnes du public ce qu'elles ont perçu. Il fait préciser ce qui a semblé facile ou difficile dans l'écoute des partenaires et de soi-même.

**Variante**

La même scène est jouée en autorisant l'improvisation verbale.

# ÉCOUTER LES DIFFÉRENCES

## ÉCOUTER LES RESSEMBLANCES ET LES DIFFÉRENCES DANS UN GROUPE — N° 9₁

**Objectifs**

Mettre en évidence les ressemblances et les différences au sein du groupe en formation.

Partir de cette situation réelle pour introduire au « schéma de la communication » (voir Livret du Formateur) en illustrant la spécificité de l'émetteur et du récepteur.

(Le déroulement de cet exercice est le même que l'exercice n° 20 « Écouter l'autre pour faire connaissance » pour les phases 1 et 2 que nous reproduisons à l'identique dans les deux fiches. L'animateur choisit l'une ou l'autre modalité selon les objectifs qu'il privilégie. Il peut aussi les combiner en commençant par l'exercice de la fiche n° 21 et en continuant par celui-ci).

**Matériel**

Aucun ou éventuellement un magnétophone à bonne sonorité pour une utilisation dans l'espace de la salle de formation.

L'usage du caméscope-magnétoscope dépend de l'appréciation de l'animateur, cet exercice se situant au démarrage d'un groupe.

**Durée**

Une séquence de 3 heures ou une demi-journée si cet exercice est mené de façon autonome.

Une demi-heure à ajouter à l'exercice n° 20 s'il est fait en continuité.

**Déroulement**

Cet exercice, bien connu des formateurs, s'inscrit dans le **démarrage d'un groupe**. Nous proposons ici d'en centrer l'animation sur l'écoute.

**1ʳᵉ phase**

Afin de permettre aux participants d'un groupe de « faire connaissance », l'animateur propose le protocole suivant :

chaque participant est mis en binôme avec un autre participant. Il est important que les deux personnes ne se connaissent pas. Chaque binôme dispose d'une demi-heure pendant laquelle les deux participants « font connaissance ». Si la situation géographique le permet, les binômes quittent la salle de formation et s'isolent ailleurs, mais ils sont soumis à un horaire de retour.

Il ne s'agit pas d'une discussion à bâtons rompus mais d'un premier exercice d'écoute.

Pendant le premier quart d'heure l'un des participants écoute l'autre se présenter comme il (= l'autre) le veut, l'idée de base étant que chacun choisit de dire de lui ce qu'il souhaite transmettre aux autres. L'« écoutant » prend des notes. Il peut poser des questions d'approfondissement, demander des précisions ou des explications, mais il doit respecter chez lui le refus de répondre à ses sollicitations. En outre il doit éviter d'introduire des thématiques non abordées par l'autre.

Au terme du premier quart d'heure il y a renversement des rôles.

Après les deux « entretiens », chaque participant rédige un compte rendu des informations que son « interviewé » lui a communiquées à son sujet afin de les présenter à l'ensemble du groupe, le principe étant que chacun présente celui qu'il a écouté. Il soumet son projet de présentation à l'autre qui en valide, corrige ou censure le contenu. Il convient en effet de respecter le désir de ne pas voir transmettre au groupe des propos que l'on a tenus dans la convivialité d'une relation à deux.

De plus, chacun est invité à noter ses remarques sur la façon dont il s'est senti écouté sur un papier séparé qu'il fait lire à son partenaire puis donne à l'animateur sans mention de nom. L'anonymat permet une exploitation plus libre de ces données.

Ce travail effectué, les membres du groupe reprennent place dans leur salle.

**2ᵉ phase**

La présentation commence soit par tour de table imposé, soit par ordre de volontariat selon le climat du groupe.

L'animateur précise que la personne présentée a la possibilité d'apporter tous les correctifs qu'elle souhaite sur ce qui est dit à son sujet.

Au terme de chaque présentation un membre du groupe peut poser une question, mais strictement en lien avec ce qu'il a entendu. La personne interrogée a la liberté de refuser de répondre.

**3ᵉ phase**

L'animateur conduit les échanges du groupe autour des axes suivants :
– Quels sont les domaines qui ont été abordés dans les différentes présentations (origines géographiques, famille, études, activités professionnelles, associatives, loisirs, sports, culture, valeurs, projets, vie privée, voyages…) ?
– Quelles informations a-t-on entendues à propos de ces thèmes (énumération des pays ou régions d'origine cités, des centres d'intérêt, des situations familiales, des formations…) ?
– Quels points de convergence et de divergence émergent de cette analyse ?

Pendant ce temps d'échanges, l'animateur inscrit sur le tableau les différents éléments rapportés par les membres du groupe qui contribuent à témoigner de la diversité des personnes présentes et de leur proximité. Il veille à ce que la constitution de ce « catalogue » ne mette aucun des participants « sur la sellette ».

**4ᵉ phase**

L'animateur introduit alors **la notion de ressemblance et différence** qui caractérise toute situation de communication et dessine sur le tableau le schéma de base :

Émetteur >>>>>>> Message >>>>>>> Récepteur(s)

Il insiste sur le fait que E et R peuvent se différencier ou se rejoindre par leur histoire, leurs origines familiales et géographiques, leur culture, leur formation (> niveau de langage, savoir de référence), leurs valeurs, leurs convictions, leurs positions politiques, idéologiques, éléments qu'il inscrit progressivement dans le schéma initial. Le schéma complété rend manifeste que toute communication met en jeu des « sujets » caractérisés par leur histoire, leurs valeurs, etc.* (cf. supra).

## ÉCOUTER LES RESSEMBLANCES ET LES DIFFÉRENCES DANS UN GROUPE

Cette sensibilisation à l'autre semblable et différent est mise en lien avec l'importance de l'écoute dans la communication.

Diverses situations sont évoquées où l'écoute des ressemblances et différences avec soi-même permet d'être efficace notamment dans les démarches fondées sur l'argumentation, l'information, la réponse aux questions.

**Commentaires**

La difficulté de cet exercice réside dans la mise en lien de la séance de présentation et l'approche théorique de la communication. Il convient en effet que celle-ci ne soit pas plaquée mais comprise dans sa réalité quotidienne.

La combinaison de l'exercice proposé dans cette fiche et de celui de la fiche n° 20 offre une introduction à des formations centrées sur l'écoute, la communication, l'argumentation, l'entretien. C'est à l'animateur d'en infléchir l'utilisation en fonction du thème de la formation qu'il délivre.

**Variantes**

Cette introduction à la notion de ressemblance et différence dans la communication et à l'importance de l'écoute pour laisser s'exprimer l'autre dans sa spécificité est menée consécutivement au travail sur l'attitude d'écoute développé dans la fiche n° 20. Dans ce cas il convient de bien gérer le temps et de laisser aux participants des pauses pour qu'ils restent disponibles. Elle peut également se dérouler lors de la séance suivante au cours de laquelle les participants ont encore en mémoire la séance de présentation.

Plutôt que de poser lui-même un schéma de la communication et d'en faire le commentaire à partir de la diversité du groupe révélée dans la présentation, l'animateur peut amener les participants à formuler eux-mêmes les idées que ce tour de table leur évoque en lien avec la communication. Dans ce cas ses apports conceptuels seront ultérieurs.

*Voir schéma et lexique sur la communication dans le Livret du Formateur.

| | |
|---|---|
| **Objectif** | Montrer aux participants que face à une même question il est possible d'« entrer » dans la parole par des voies différentes. |
| **Matériel** | Des feuilles de papier identiques. Cet exercice peut se substituer au n° 11 lorsque l'on ne dispose pas du matériel d'enregistrement qui y est recommandé. |
| **Durée** | De 30 à 45 minutes selon l'importance du groupe et la teneur de l'apport didactique qui suit. |
| **Déroulement** | Cet exercice s'inscrit dans une séquence de démarrage sur l'écoute ; Il s'accompagne d'apports didactiques que nous développons dans les commentaires. |

**1ʳᵉ phase**

L'animateur explique aux participants le protocole de l'exercice :
chaque participant se voit remettre une feuille vierge, la même pour tous, ce qui garantit l'anonymat dans une des phases de l'exercice.
Sur un thème choisi par l'animateur et une invitation à l'expression formulée à la manière d'un démarrage d'entretien d'écoute, chacun écrit ce qui lui vient à l'esprit immédiatement. Il faut laisser courir son écriture comme on déroule une parole et ce, jusqu'à ce que l'animateur y mette fin.
Toute recherche de construction, de style, même de correction grammaticale ou syntaxique, est à bannir. **On écrit comme on parle lors d'un entretien.** Si l'on s'arrête d'écrire, on le signale par des points de suspension.

**2ᵉ phase**

L'animateur propose le thème d'expression :
« J'aimerais que vous vous exprimiez sur... », « ...que vous parliez de... »
Le choix du thème dépend du public concerné, de l'âge des participants, de leur situation (étudiants ou personnes en activité professionnelle), de la composition

du groupe (ponctuel ou régulier), des relations entre les participants...

À titre d'exemples on peut suggérer des thèmes comme l'amitié, les loisirs, l'éducation, la RTT...

Les participants écrivent pendant 3 ou 4 minutes. L'animateur évalue à peu près trois quarts de page. Au terme de ce temps d'écriture, l'animateur collecte les feuilles dont il demande l'anonymat.

### 3ᵉ phase

L'animateur lit les textes à haute voix et les classe selon les critères qui lui permettent d'illustrer la synthèse qu'il fait au terme de la lecture avec les participants.

### 4ᵉ phase

Il s'agit de tirer parti de cette expérience en suscitant les remarques du groupe et en les complétant dans une perspective didactique.

Cette synthèse vise à mettre en évidence les différents modes d'expression mobilisés pour parler de questions personnelles – de la « protection » à la « confidence » –

– recours aux définitions (« l'amitié c'est un sentiment qui..., elle se distingue de l'amour par... ») ;

– considérations générales (« dans la vie des hommes, l'amitié joue un rôle... ») ;

– passage de la définition ou des généralités à l'expérience personnelle (« pour ma part... ») ;

– évocation d'un point particulier (« dans l'amitié une des questions clefs est de savoir si elle peut exister entre un homme et une femme... ») ;

– évocation de sa propre expérience (« mes amis sont pour moi..., j'ai un ami depuis mon enfance... »).

Etc.

À partir de cette synthèse, l'animateur met en évidence la diversité des modes d'expression personnelle, les différentes façons d'entrer dans un sujet en insistant notamment sur les formes de « protection », sur le fait qu'on peut parler de soi sans dire « je ».

**Commentaires**

L'exploitation de cet exercice rejoint celle de l'exercice précédent : chacun s'exprime selon sa propre logique et l'écouter, c'est lui permettre de s'exprimer.

La difficulté de cet exercice est de mettre les participants « en condition » pour qu'ils jouent le jeu de cette écriture spontanée.

Au moment de la lecture et de la synthèse l'animateur doit veiller à ce qu'aucune évaluation et aucune interprétation ne soient formulées dans le groupe.

**Il s'agit de s'attacher à la diversité des formulations, aux thèmes qui ont été associés à la question de départ et non d'analyser ou d'interpréter le contenu lui-même.**

Cet exercice peut faire partie des exercices introductifs à la formation à l'entretien « non-directif »*(voir fiches 52 à 55) en montrant comment ce type d'invitation à la parole rend possible l'émergence des différences.

**Variantes**

Si les membres du groupe le souhaitent, chacun lit son propre texte. L'animateur peut aussi distribuer les feuilles et chacun en lit une. Cette dernière manière de faire n'est envisageable que lorsque les participants n'ont aucun indice pour reconnaître l'écriture des autres.

Si cet exercice s'inscrit dans une formation à l'entretien et à l'analyse de contenu, l'animateur dégage des différents écrits les points de convergence et les points de divergence sur le thème concerné.

*Voir L'entretien « non directif » dans le Livret du Formateur.

| | |
|---|---|
| **Objectifs** | Sensibiliser les stagiaires à l'importance de l'écoute pour recueillir les informations propres à son interlocuteur.<br>Justifier la démarche de l'entretien fondé sur l'écoute de l'autre pour favoriser l'émergence de la diversité. |
| **Matériel** | Des petits magnétophones ou des dictaphones : un pour deux stagiaires.<br>Un magnétophone de puissance telle qu'il puisse avoir une bonne sonorité dans la salle de travail du groupe et compatible avec les autres appareils d'enregistrement. |
| **Durée** | Variable selon le nombre de stagiaires et les modalités d'animation choisies (voir commentaires). |
| **Déroulement** | L'animateur organise les membres du groupe en binômes, soit par tirage au sort, soit selon son propre choix, l'objectif étant alors d'éviter de mettre ensemble des personnes ayant de grandes affinités (cas où l'animateur connaît le groupe).<br>Chaque binôme reçoit un magnétophone.<br><br>L'animateur explique les consignes : dans chaque binôme un des stagiaires tient la place d'interviewer et un autre celle d'interviewé. Il s'agit, pour l'interviewer, de « lancer » le thème et d'écouter, sans intervenir. Si l'autre se taît, il faut « supporter » le silence ou relancer dans la logique des derniers propos tenus par l'interviewé.<br><br>Selon le climat du groupe et le degré de familiarité de ses membres l'animateur donne des consignes visant à préserver l'anonymat lors de l'audition ultérieure : ne pas mentionner le nom ou le prénom de l'interviewé, choisir un enregistrement plus grave ou plus aigu pour modifier la voix.<br><br>Lorsque les binômes sont en place et prêts à démarrer l'entretien, l'animateur propose le thème, la formulation de la question de départ (voir commentaires) et fait démarrer immédiatement les entretiens, sans laisser s'exprimer de commentaires ou de réactions : ce |

sont là des exigences méthodologiques que l'animateur a préalablement posées.

Au bout de 5 minutes maximum, l'animateur arrête les entretiens et récupère les cassettes enregistrées.

L'animateur et les membres du groupe écoutent les enregistrements et prennent des notes sur la spécificité de chacun des démarrages.

Au terme de cette étape, l'animateur conduit la réflexion du groupe autour de commentaires sur la **diversité des thèmes abordés, des modalités d'expression** (expression personnelle – « je » –, recours à la généralisation – « on » –, aux définitions...) et **de la logique du discours** (enchaînement des thèmes, passage du général au personnel, du personnel au général...).

Il fait la synthèse de ce travail autour de **l'importance de l'écoute pour permettre à l'interlocuteur d'exprimer SA position** alors que les questions directives traduisent la position de celui qui les pose (ses centres d'intérêt, ses préoccupations, son expérience, ses hypothèses...).

Attention ! Une des tentations des stagiaires peut être de commenter, d'interpréter, de juger le contenu des entretiens. L'animateur y veille très attentivement et arrête ces dérives s'il les pressent pour recentrer l'exploitation sur l'objectif.

**Commentaires**

Cet exercice qui prend place dans une phase d'introduction à l'écoute, s'inscrit dans la « nécessité » de convaincre les stagiaires de l'apport d'une attitude d'écoute dans la découverte de ce qu'un autre pense, vit... dans un domaine par rapport auquel ils ont eux-mêmes leur expérience, leurs *a priori,* leurs questionnements.

Le choix du (des) thème(s) d'entretien dépend du groupe. Il ne s'agit pas de simulation (un entretien où l'interviewé joue un rôle) mais d'une expression personnelle – ce qui ne signifie pas « intime » –.

Pour des étudiants nous suggérons les thèmes de l'amitié, des loisirs, du projet professionnel, du stage, de la religion, des conditions de logement, de la fréquentation d'Internet…

Pour des publics de formation continue, certains de ces thèmes peuvent être repris, mais il est possible d'en produire d'autres en fonction des caractéristiques du groupe : la carrière, le métier, la famille, la présentation de son entreprise, de son service…

Certains stagiaires refusent que leur entretien soit écouté par le groupe, l'animateur respecte leur choix. Si la résistance est générale, une des solutions consiste à demander que l'entretien soit retranscrit et c'est l'animateur qui lit les retranscriptions (au moins en partie) pour faire l'exploitation prévue. Dans ce cas, environ une demi-heure de plus est à prévoir dans l'emploi du temps.

**Variantes**

Programmer deux séries d'entretiens, sur deux thèmes différents. Une fois le premier entretien terminé, l'animateur constitue de nouveaux binômes selon les mêmes modalités que pour les précédents.

Il propose un autre thème, les interviewés de la première série d'entretiens devenant les interviewers et vice versa. Dans ce cas il vaut mieux modifier la composition des binômes.

L'exploitation se fonde sur les deux séries d'entretiens. Si l'animateur ne dispose pas du matériel d'enregistrement, il travaille sur le même objectif en ayant recours à l'écrit (voir fiche n° 10).

# ÉCOUTER LES DÉSACCORDS

**Objectifs**

Faire réfléchir au sens essentiel de cette phrase pour la résolution de différends comme pour toute relation.

**Matériel**

Aucun.

**Durée**

De 10 à 20 minutes.

**Déroulement**

Divisés en groupes de trois à six personnes, les participants sont invités à commenter la phrase du titre ci-dessus en trois temps :

1. définir « comprendre » et « être d'accord », pour en préciser le sens ;

2. vérifier si les membres du sous-groupe sont d'accord avec l'affirmation de la phrase ;

3. échanger sur l'influence que peut avoir cette pensée sur les manières d'écouter : « écouter pour comprendre », « écouter pour manifester son désaccord ou son accord ».

**SYNTHÈSE**

L'animateur met en commun dans une restitution des différents groupes les réponses à chacune des trois étapes :

1. Il tente de bien mettre en valeur **la différence entre comprendre** (prendre en soi, prendre avec l'autre, une compréhension à peu près commune d'une chose ou d'un raisonnement, qui n'est **pas jugé** en soi) **et être d'accord** (qui implique un **jugement** personnel sur cette chose commune). En ce sens en toute chose, la compréhension commune vérifiée devrait précéder le jugement (être d'accord ou pas) ;

2. Il explique si ce n'est déjà acquis, que **l'on peut dissocier les deux choses** ;

3. Il évalue avec le groupe l'influence de la confusion « comprendre = être d'accord ». Ecouter, c'est aussi se préparer intérieurement. À quoi ? À comprendre ? À être d'accord ou pas ? Cela est-il possible en même temps ? Quelles sont les conséquences mentales du choix intérieur des attitudes avec lesquelles on se prépare à écouter ?

**Commentaires**

Il semble en fait extrêmement difficile, sinon impossible mentalement, de faire les deux choses en même temps. Or c'est une tendance fréquente de « juger », **en même temps** que l'on écoute. L'expérience montre que dans ce cas une partie de ce qui est dit échappe à l'écoutant. Car une partie de son système mental est déjà occupée à juger ce qui vient d'être dit et n'est pas présente pour comprendre ce qui est en train de se dire à ce moment-là.

Présentée, ici sous la forme d'une simple réflexion-discussion, ces « manières de penser » ont en fait une grande influence sur nos manières d'écouter.

**Objectif**

Constater le décalage qui s'exerce entre ce qui est dit, la sélection spontanée dans l'écoute, et ce que l'on retient.

**Matériel**

Magnétophone.

**Durée**

De 15 à 30 minutes.

**Déroulement**

Une personne raconte un évènement réel qui l'a marquée, qu'elle connaît et qui peut être raconté en 3 à 5 minutes. Chacun note mentalement un maximum d'éléments pour se remémorer tous les détails de ce qui est dit.

À la fin, les participants notent par écrit ce qu'ils ont retenu. Ils tirent un trait après ce qu'ils ont mémorisé et noté spontanément. Ils se mettent en petits groupes de six à huit personnes et reconstituent l'évènement. Ils ajoutent, chacun pour eux, en dessous du trait, TOUS les éléments qu'ils n'avaient pas notés et que d'autres avaient notés. Chacun dit à la fin :

– s'il y a des éléments qu'il a ajoutés, notés par d'autres ;

– s'il constate des similarités / différences entre personnes dans la sélection ;

– ce qui (peut-être) suscite ce filtre en fonction des expériences de chacun.

Les différents sous-groupes mettent en commun leurs observations.

**Commentaires**

**SYNTHÈSE**

La perception humaine est sélective. On ne peut reprocher à quelqu'un de ne pas avoir « TOUT » retenu de ce qu'un autre a dit.

Cette conscience invite à la vigilance dans l'attention à l'autre : « Quand je lui réponds, est-ce que je réponds à ce qu'il a dit, ou à ce que j'ai retenu de ce qu'il a dit, rejetant volontairement ou involontairement le reste ? Comment constituer alors une « éthique de la discussion » ?

Cette conscience de la sélection involontaire est utile pour passer à l'écoute sélective choisie que l'on trouve dans les fiches qui suivent. Il s'agit de se donner délibérément comme projet, ne pouvant écouter « tout », de concentrer son attention à écouter certains éléments choisis, pour y être plus sensible. On peut parler aussi d'écoute « alternée » pour passer de l'écoute d'un type d'éléments à l'écoute d'un autre type d'éléments.

Par exemple : On choisit de davantage écouter dans le récit d'un évènement :
- les faits,
- les sentiments,
- les valeurs au nom desquelles les personnes agissent (leurs idées sur ce qui est juste / injuste, bien / mal, bienvenu / malvenu, correct / incorrect, normal / anormal...),
- les besoins apparaissant chez les différents acteurs,
- ce qui concerne le passé,
- ce qui concerne le présent,
- ce qui concerne l'avenir,
- les relations entre acteurs,
- le contenu, en le dissociant des acteurs qui agissent ou subissent...

Ce type d'écoute alternée, sur les thèmes ci-dessus est particulièrement intéressant lorsque l'on écoute des interlocuteurs qui sont en conflit entre eux. Cela permet d'affiner considérablement ce qui transparaît de leurs dires. La reformulation de ce que l'on a entendu sert alors tant le médiateur (quand il y en a un) que les parties elles-mêmes, prenant conscience :
- des nuances de ce qu'elles-mêmes expriment et de ce qu'en retient X ou Y ;
- des nuances de ce qu'exprime l'autre et auxquelles elles n'étaient peut-être pas aussi attentives.

Il s'agit, là encore, de la question centrale qui sous-tend ce livre :

Quand l'autre parle qu'est-ce qu'il (nous) dit ?

Cette question est double. Elle n'échappe pas dans la plupart des fiches décrites, au filtre des deux questions suivantes :

> Quand l'autre parle qu'est-ce qu'il dit (pour lui) ?
> Quand l'autre parle qu'est-ce qu'il nous dit
> (pour nous) ?

Les fiches et l'entraînement à l'écoute visent à rapprocher ces deux questions. Comment faire coïncider l'intention / expression de celui qui parle et la réception / traduction de l'écoutant ? Si la coïncidence parfaite est impossible (ce serait vraiment une coïncidence !), comment s'en rapprocher ?

**Variantes**

L'animateur raconte une histoire. Il lit lui-même ou une autre personne un évènement rapporté dans un journal. Il peut aussi préenregistrer sur cassettes audio récits ou autres informations tirés d'un entretien, qui lui paraissent significatifs pour illustrer la situation.

S'il existe un texte écrit de ce qui a été lu ou un enregistrement audio ou vidéo de ce qui a été dit, il est intéressant de le repasser au cours ou à la fin de la mise en commun en grand groupe.

| | |
|---|---|
| **Objectifs** | Prendre conscience du fait que l'être humain a beaucoup de mal à être sensible – en même temps – à différents niveaux d'écoute. En particulier en situation de désaccord durable ou de conflit. |
| | Prendre conscience que l'on peut, en dehors des faits, laisser ses impressions d'écoute s'ouvrir aux effets sur les différents acteurs de ces faits. Qu'est-ce que **le fait « a fait » à chacun** des acteurs d'une situation ? Comment l'a-t-il **affecté (« affects »)** ? |
| | Il s'agit ici d'accepter le risque de passer de l'impression à l'interprétation. Vérifier alors que ce qui a été entendu et éveillé en soi correspond ou non à ce qui s'est vécu chez l'autre. |
| **Matériel** | Aucun. |
| **Durée** | 1 h à 1 h 30. |
| **Déroulement** | **PRÉALABLE** |

L'animateur présente les modalités de l'exercice. Chaque participant est invité à s'entraîner à écouter successivement :

– **des faits** décrits dans leur réalité simple ;
– **des sentiments** ressentis (par les différents acteurs d'une histoire) aux différents moments d'évolution d'un événement. C'est la zone du cœur et du corps sensible qui est « touchée » ;
– **des valeurs** heurtées ou confirmées (morales, culturelles, juridiques, professionnelles, politiques, économiques, religieuses, éducatives...). C'est la zone des idées correspondant à ce qui a été perçu comme bien / mal, normal / anormal, pertinent / pas pertinent, correct / incorrect, sage / pas sage, juste / injuste, zone de la tête et de la réflextion qui est touchée. Sont mises en jeu les idées que l'on s'est forgées et qui peuvent être issues tant de l'histoire sociale et culturelle collective que de l'histoire personnelle singulière ;
– **des besoins** éprouvés par chaque acteur (besoins d'identité, de survie, de confort, d'activité, de travail, de justice, de réparation, d'équité, d'excuse, de vengeance, de réhabilitation, de pouvoir, de

changement, de détente, de repos, de distraction, d'aventure, de prise de distance, d'estime de soi, d'estime des autres, d'amour, de reconnaissance...). Le besoin est tourné vers le futur. C'est la zone où de nouveaux faits procurent des sentiments plus agréables, prennent en considération des valeurs qui ont pu être heurtées. C'est la zone du corps et de l'esprit dans son entier (pensée et sensibilité).

Nous utilisons en abrégé la formule **FAITS-S-V-B** ou **F-S-V-B** pour indiquer ces niveaux d'écoute.

Avant de faire l'expérience ci-dessous il est utile que l'animateur en fasse une démonstration en grand groupe pour que les participants identifient bien les quatre niveaux qui sont successivement écoutés (voir variante 1).

**EXERCICE**

Les participants se divisent en groupes de cinq personnes, en demi-cercle. On met une chaise en face du demi-cercle.
A tour de rôle chacun se place devant le groupe pour lui raconter une histoire vraie, le récit d'un événement, qu'il soit positif ou négatif, qui l'a étonné, touché, marqué... Ce peut être un cas réel dont il est l'un des acteurs, ou concerner d'autres personnes que lui-même, dont il a été témoin et qu'on lui a raconté : un cas de conflit par exemple dont il décrit le déroulement et le comportement de chaque acteur. Dans tous les cas il s'agit de choisir une histoire brève.
L'animateur varie ses consignes en fonction de ce qui lui paraît souhaitable comme implication personnelle dans le groupe à cette étape d'évolution de la vie de ce groupe : histoire personnelle ou histoire dont on a été témoin.

Appelons A, B, C, D, E, les cinq personnes.
Avant que E, par exemple, commence à raconter l'évènement qu'elle/il a choisi, l'animateur distribue les quatre écoutes :

– A écoute les **faits** et les formulera ;
– B écoute les **sentiments** des acteurs et les formulera ;
– C écoute les **valeurs** des acteurs et les formulera ;
– D écoute les **besoins** des acteurs et les formulera.

Ceux qui écoutent prennent ou non des notes, à leur choix.
Le récit terminé, à tour de rôle A, B, C, D, rendent compte successivement de ce qu'ils ont perçu. L'animateur (ou un coordinateur intérieur à chaque sous-groupe, nommé par l'animateur pour gérer le temps et l'organisation des échanges) coordonne la succession des comptes-rendus :
1. Les **faits** ; A rend compte ;
2. Les **sentiments** ; B rend compte ;
3. Les **valeurs** ; C rend compte ;
4. Les **besoins** ; D rend compte.

Les autres peuvent compléter ou modifier aussi en fonction de leur perception, dans les mots, derrière les mots (tons de voix, manifestations du corps s'il y a lieu…).
La personne E, qui a raconté, dit si elle se retrouve et si elle retrouve les différents personnages de son histoire dans ce qui a été dit. Elle complète ou modifie éventuellement les perceptions des écoutants. Et on passe à l'histoire suivante, à tour de rôle.

L'objectif est que le récit lui-même ne dépasse pas 5 minutes pour laisser le temps à l'écoute et à l'analyse – Faits, Sentiments, Valeurs, Besoins – de ce qui a été perçu, à l'intérieur du sous-groupe.
L'animateur réunit le grand groupe lorsque chaque sous-groupe de cinq a terminé. Il invite à mettre en commun ce qui s'est dégagé.

**Commentaires**

## SYNTHÈSE

Elle peut se faire, par exemple, à partir des quelques questions suivantes :
1° Cela **valait-il la peine** de faire cette expérience ? Qu'est-ce que cela peut apporter ?

2° Peut-on, de votre point de vue, « **tout entendre** » en même temps ou ne peut-on avoir qu'une **écoute** « **alternée** » de tous ces éléments ?

3° La perception par les écoutants **correspondait-elle** à celle de celui qui racontait l'événement ?

4° Ces perceptions étaient-elles **homogènes / différentes pour les cinq écoutants ?**

5° Sentez-vous clairement **la relation et la différence entre sentiments, valeurs et besoins ?**

6° En quoi cela peut être **utile d'être attentif à ces différents niveaux**, en situation (entretien de candidature, réunion-discussion, négociation, désaccord-conflit, médiation...) ? Qu'est-ce que cela peut apporter de savoir reformuler et faire avancer une situation en se centrant, selon les contextes, sur l'un, sur l'autre, ou sur plusieurs des éléments ci-dessus ?

Un exemple d'analyse « F-S-V-B » est fourni dans le Livret du Formateur.

**Variantes**

1. Il est utile que l'animateur fasse **une démonstration en grand groupe** avant que les participants ne se divisent en sous-groupes, en s'impliquant et racontant un évènement tiré de sa propre expérience. Il fait alors le tour du groupe et distribue les consignes d'écoute en tournant et distribuant l'écoute des Faits (au 1ᵉʳ), des Sentiments (au 2ᵉ), des Valeurs (au 3ᵉ), des Besoins (au 4ᵉ), puis de nouveau des faits (au 5ᵉ), etc. autant de fois qu'il y a de personnes dans le grand groupe. Ainsi il peut y avoir cinq personnes qui écoutent les faits, cinq qui écoutent les Sentiments, cinq qui écoutent les Valeurs et cinq qui écoutent les Besoins.

2. Selon le temps dont il dispose il **se limite à une démonstration de ce type en grand groupe**. Mais il est nécessaire que cela soit fait au moins deux fois (avec d'autres participants volontaires racontant un événement, par exemple), pour donner l'occasion à chacun d'alterner son écoute.

3. Si, compte tenu du nombre total de participants, il est difficile de faire des groupes de cinq personnes, dans ce cas l'animateur **fait des groupes de quatre ou de trois**. Ils se répartissent alors l'écoute de un ou

de deux éléments par personne (mais déjà à deux éléments, c'est une expérience délicate, pas toujours facile : on peut essayer, pour s'en rendre compte !). L'important est que, ensemble, les participants varient les écoutes.

4. Les sous-groupes de cinq personnes n'avançant pas au même rythme, l'animateur **passe à l'analyse** en grand groupe dès que certains groupes ont terminé, **laissant le choix aux autres de continuer leur tâche de sous-groupe** ou de rejoindre le grand groupe (il arrive que des sous-groupes passionnés par cette expérience d'écoute variée, tiennent à ce que chacun fasse l'expérience des quatre éléments). Le sous-groupe rend compte alors au grand groupe de l'essentiel de ses observations lorsqu'il rejoint le grand groupe.

5. L'animateur propose, lorsque le sous-groupe a déjà terminé, de **faire l'analyse des apports de cette expérience et de ses limites, en sous-groupes.** Le grand groupe, un peu plus tard, est alors le lieu de rassemblement des analyses faites par chaque sous-groupe.

6. Si la consigne sur l'événement à raconter n'est pas suffisante pour certains, **l'animateur précise et donne des exemples**. La consigne est dans ce cas : « Chacun raconte un événement dont il se souvient et qui l'a touché (réjoui, attristé, révolté, étonné…) pendant 3 à 5 minutes. Ceci, sans dire précisément au départ les sentiments éprouvés. C'est par exemple, le témoignage d'un accident ou d'une bagarre, la rencontre avec quelqu'un d'étonnant, un film qui rappelle une histoire vécue, un incident entre parents et enfant dans un jardin public, la réclamation d'un client difficile, un mariage, le souvenir d'une fête, un désaccord sur le lieu de travail, etc.) ».

L'animateur peut accepter que ne passent que ceux qui le souhaitent.

7. Souvent, il arrive que des participants disent au début **la difficulté à saisir les nuances de différence entre sentiments et valeurs, sentiments et besoins ou valeurs et besoins.** Nous renvoyons l'animateur à sa propre compréhension et à l'utilisation d'exemples ainsi qu'aux définitions données dans la partie « Objectifs » ci-dessus.

8. Voici deux exemples de récit. Le formateur a la possibilité de les utiliser soit pour son propre entraînement, soit à titre de démonstration de cette écoute diversifiée dans le cadre d'un groupe où il lit ou fait lire le témoignage (avec le ton qui sera choisi et qui pourra influencer aussi les perceptions).

## DEUX EXEMPLES À ÉCOUTER

### Exemple 1 - Une femme raconte

« Je me souviens : Mon compagnon s'est retourné et m'a dit comme si c'était la dernière fois : « Je t'aime profondément. Mais tu es jeune. Nous « avons 23 ans de différence d'âge, toi à 30 ans, tu peux refaire ta vie. Moi à 53 aussi. Adieu. Je t'aime. ». Il ne m'a laissé ni adresse, ni téléphone. C'était terrible. Je ne pouvais pas vivre sans lui. Je ne savais pas ce qu'il devenait. Je l'ai cherché partout, auprès de ses anciens amis. J'ai eu une adresse. J'ai écrit. Silence. J'y suis allée, tremblante. J'ai sonné. J'ai dit : « C'est pour la vie. Je suis là et je prends tous les risques ». J'ai vu une larme couler sur sa joue. Il a ouvert les bras. Je m'y suis précipitée et j'y suis toujours depuis dix ans. »

### Exemple 2 - Un stagiaire raconte

« C'était mon dernier jour de stage. Pendant trois mois, j'avais travaillé, dans le cadre d'une étude de construction d'un pont, sur le choix des matériaux et leur coût. J'avais fourni à l'équipe cette partie du rapport deux jours plus tôt. A 17 heures, il était prévu un pot de départ avec eux. Quelle ne fut ma surprise de voir arriver le directeur général, que je croisais parfois dans les couloirs, mais à qui je n'avais jamais parlé. Vint le temps des petits discours. J'étais à côté du D.G. Il parla le premier et dit combien il avait tenu à être là en me remerciant, moi, pour l'excellent travail de professionnel que j'avais fourni ! J'en rougissais et je sentis mon verre de champagne glisser entre mes doigts, le champagne se renverser sur le pantalon du directeur et le verre se casser devant lui. Je ne savais plus où me mettre. »

Ces bref récits où il y a évolution des sentiments, des valeurs et des besoins des personnages, à diverses étapes, sont aussi des exemples pour faire sentir dans toute situation l'évolution, parfois rapide et contradictoire, des S-V-B de chacun, au fur et à mesure de l'évolution des FAITS.

| | |
|---|---|
| **Objectifs** | Celui ou celle qui parle, parle-t-il / elle du passé, du présent ou du futur ? Cette remarque, en apparence anodine, est fort utile en situation d'entretien (de candidature, d'évaluation, d'enquête…) comme de réunion (d'information, de discussion, de prise de décision), de négociation, de résolution de conflit / problème, de médiation. |
| **Matériel** | Magnétophone ou caméscope / magnétoscope / téléviseur. |
| **Durée** | Un quart heure. |
| **Déroulement** | **PRÉALABLE**<br><br>Etre attentif au temps auquel se réfère celui qui parle permet :<br>1° de se mettre sur la même longueur d'onde de temps que lui pour échanger sur le temps auquel il est attaché à un moment donné ;<br>2° de l'inviter et de s'inviter soi-même à changer de temps et, parfois, amener à explorer par exemple ce qui est à réparer du passé (l'approfondir et prendre le temps pour le passé - si cela est souhaité), ce qui se vit de ce passé dans le présent, ce qui est anticipé / craint / souhaité pour le futur et ce qui peut ainsi être projeté.<br>3° En particulier dans les situations de conflit et de médiation, d'observer dans l'écoute du langage utilisé, qu'un des multiples différends qui constituent le conflit est le décalage de temps de références des parties. Celles-ci peuvent aussi se situer à différents moments dans le temps (y compris différents moments du passé) et ne pas se rejoindre.<br><br>Par exemple :<br>B - J'ai dû garer mon camion là (passé) car je dois décharger (présent). Et c'est très lourd (présent) les 20 réfrigérateurs qui ont été commandés (passé). C'était urgent ! (passé).<br>A - Et comment je vais sortir ma voiture du garage (futur) si vous bloquez l'entrée (présent). Ils vont m'attendre à dix heures à l'hôpital (futur) pour la |

consultation et à 11 heures je dois opérer. Et il pour-
rait y avoir des embouteillages (futur).
B - Je n'ai pas pu faire autrement (passé). Tout était
bloqué (passé). Le parking même était plein (passé).
A - Je ne pourrai jamais y être à 10 heures (futur).
Vous partirez dans trois minutes (futur). Voilà.
B - Mais je n'ai pas pu mieux faire. (passé). Je devais
livrer (passé).
A - Je vais chercher la police ! (présent).

Cet exemple qui semble caricatural reflète des situations fréquentes où chacun s'accroche à son temps,
sans entrer dans le temps du discours de l'autre. Alors
que si chacun y était attentif, il serait si simple de s'entendre. Quelqu'un d'extérieur à la scène peut rendre
compte ainsi :

A. Vous avez garé pour livrer (passé) et c'est lourd
(présent).
B. Vous, vous devez être à 10 heures à l'hôpital
(futur) et c'est urgent.
C. Que pouvez-vous faire maintenant (présent) pour
vous garer (présent) et moi sortir (présent) ?

C'est alors qu'apparaît une série d'idées (masquées
par le blocage précédent des temps et l'agressivité qui
parfois en découle) :
– Le chauffeur du camion va, maintenant, faire un
  tour pour voir si des places de parking ne se sont
  pas débloquées ;
– Le chauffeur du camion va partir de l'emplacement,
  le temps que la voiture sorte et y revenir en s'en-
  gageant à avoir quitté les lieux à une certaine
  heure ;
– Le médecin va prendre un taxi (s'il y en a), que ré-
  glera l'entreprise de transport : une solution largement préférable à une contravention ou au temps
  passé à chercher une place ou à se garer plus loin ;
Etc.

Le lecteur peut se dire « Ils sont bêtes ». Mais ce type
d'échanges arrive plus souvent qu'on ne le pense...

Paul Watzlawick a d'ailleurs bien montré les références des parties à des temps par le concept de « ponctuation » du discours. Quand une personne date-t-elle le début de quelque chose et met-elle un point pour sa fin et le début d'une nouvelle chose ? Dans un conflit il est très intéressant de poser la question : « Quand et comment cela a-t-il commencé ? » Souvent les parties ne datent pas le début de la même manière. Ils attribuent celui-ci à une action ou réaction de l'autre. Il s'agit alors dans l'écoute réciproque d'accepter de prendre le temps de parler des deux temps pour s'expliquer sur leur incidence. Alors que dans l'échange conflictuel, souvent les parties s'interrompent pour empêcher l'un de parler de l'évènement dans le temps que l'autre veut moins considérer.

L'exercice simple qui suit vise déjà à considérer l'existence même de temps différents dans ce qui est dit. Avec parfois de grands passages appartenant au passé puis au futur, revenant vers le passé, etc. Repérer cette discontinuité de temps est déjà un apport. Il est tellement difficile de « tout écouter » qu'une solution est de décider : « Je vais écouter les temps du verbe, pour être plus attentif à quoi l'un ou l'autre fait référence. »

### EXERCICE

Une personne raconte un évènement réel qui l'a marquée, qu'elle connaît et qui peut être raconté en 3 à 5 minutes.
Les écoutants sont centrés sur les temps du verbe.

Ils mettent en commun à la fin du récit, les différents moments auxquels se réfère la parole. Ils peuvent, dans le cas d'une situation conflictuelle décrite ou jouée observer plus spécialement si les adversaires / partenaires vont dans le temps de l'autre ou restent sur des temps différents.
S'il s'agit d'un enregistrement, la vérification est facile.

**Commentaires**

Il s'agit surtout de constater une analyse commune des temps et d'éveiller à l'usage qu'on peut en faire comme indiqué dans l'objectif ci-dessus.

Notons aussi que cette analyse vaut en dehors de toute situation de conflit.

Exemple 1 : Entretien de candidature
- Un employeur qui insiste sur les spécificités exigées pour le travail futur ;
- Un candidat qui insiste sur sa formation passée (ou un employeur).

Exemple 2 : Entretien d'évaluation annuelle
- Un chef de service qui insiste sur les objectifs futurs ;
- Un employé qui insiste sur l'explication des difficultés passées.

Exemple 3 : Réunion de présentation d'un nouveau projet
- Un participant qui parle de tous les avantages du projet futur ;
- Un participant qui parle de tous les avantages de l'organisation passée.

Dans ces cas, l'échange est encore une fois plus long et plus difficile si aucun n'entendant le temps de l'autre, ne prend le temps d'y entrer.

**Variantes**

L'animateur a la possibilité de choisir une situation qu'il raconte lui-même ou une bande (audio ou vidéo) de quelques minutes (extrait de film, reportage...), significatives par rapport à l'objectif.

Dans le cas d'une bande préenregistrée, il peut aussi l'arrêter à chaque séquence pour questionner le groupe, faire observer le temps utilisé et s'il y a lieu la similitude ou le décalage dans le temps utilisé par chaque partie.

| | |
|---|---|
| **Objectif** | Cette fiche est plus directement rattachée à l'écoute d'un conflit. Celui-ci a souvent un objet apparent qui est le contenu. Mais il émerge à partir d'une relation entre personnes, groupes ou organisations. S'il n'y avait aucune relation, il n'y aurait sans doute aucun conflit de contenu. |
| **Matériel** | Idem fiche n° 15. |
| **Durée** | 20 à 30 minutes. |
| **Déroulement** | **PRÉALABLE** |

Dans une situation de conflit, certaines fois, le contenu est primordial (exemple : le fait de devoir se garer pour décharger et sortir d'un parking pour se rendre à un rendez-vous, dans le cas du dialogue entre A et B du début de la fiche n° 15).

D'autres fois, c'est la relation avec ses tensions, ses dégradations, ses va-et-vient d'ATTAQUE-ATTAQUE ou ATTAQUE-DÉFENSE qui est à l'origine du conflit dont le contenu devient un prétexte. Elle prédomine dans certains cas sur le contenu qui est bien à l'origine du conflit. C'est, par exemple, dans le différend ci-dessus, sur la sortie de voiture bloquée par le camion, les propos qui s'émaillent de mots désagréables, d'insultes, puis les protagonistes en viennent aux mains, un coup de poing fuse, des voisins s'en mêlent, quelqu'un saisit une pierre, etc. La relation dégradée a pris le dessus sur le contenu de départ.

C'est une question étudiée en conflictologie (science des conflits) que de savoir dans quelle mesure problèmes et solutions relèvent du contenu, et / ou de la relation. Selon le cas on peut rechercher des réparations / pistes de solution pour le contenu (trouver une autre place pour se garer) ou pour la relation (calmer le jeu, s'excuser pour des termes utilisés, retirer des propos, dire les choses positives que l'on apprécie chez l'autre, pour revenir après, sur les choses négatives que l'on voudrait voir modifiées, réparer un affront ou un dégât causé...). La résolution des conflits passe par l'écoute de ces deux dimensions.

## ÉCOUTER LA RELATION ET / OU LE CONTENU

**EXERCICE**

Une personne raconte un évènement réel qui l'a marquée, qu'elle connaît et qui peut être raconté en 3 à 5 minutes. Les écoutants sont centrés sur le contenu et la relation.

L'animateur fait écouter et détecter ce qui relèverait du contenu et ce qui relèverait de la relation. A la fin du récit les participants mettent en commun les différents moments auxquels se réfère la parole. Notons que la bande vidéo est dans ce cas significative parce que l'animateur peut la repasser plusieurs fois et l'analyser.

**Commentaires**

L'écoute nous confronte à un va-et-vient entre :
– Écouter ce qui est dit (les mots) ;
– Écouter la voix qui dit (l'intensité, le rythme, le débit, les intonations...), les manifestations du corps, les actions, les silences...
– Écouter le non-dit vraisemblable, mais qui peut ne pas l'être (les interprétations que nous en faisons qui restent toujours à vérifier par l'échange). La RELATION fait souvent partie de ce dernier registre. Lorsqu'elle n'est pas explicite, elle nous « impressionne » quand même, comme une pellicule photographique peut l'être. Dans quelle mesure la photo de la relation est-elle prise de l'extérieur (les autres et les signes de leur relation) ? Dans quelle mesure est-elle prise de l'intérieur de nous-mêmes sur nous-mêmes (ce que ces signes nous font projeter à nous de l'interprétation de cette relation) ? Une grande vigilance s'impose dans ce que l'on croit avoir écouté de l'autre qui est le sens que nous lui donnons nous.

**Variantes**

L'animateur utilise tel quel l'exemple de la fiche n° 14 ou celui de la fiche n° 18.

Il s'agit bien ici d'imaginer (interpréter) ce qui apparaît de la RELATION, qui impressionne notre écoute et qui a à être validé par la reformulation. Une question sur ce qui est important pour la personne, à ce moment-là peut aider à situer s'il s'agit plutôt de relation, de contenu, ou des deux.

| | |
|---|---|
| **Objectif** | Prendre le temps, dans une situation tendue, d'écouter un interlocuteur tout en s'écoutant soi-même. |
| **Matériel** | Aucun. |
| **Durée** | 45 minutes. |
| **Déroulement** | Le formateur propose aux participants d'improviser par groupes de quatre une situation de rendez-vous. Quand un groupe de quatre improvise, les autres participants sont spectateurs. Tous seront invités à jouer. |

Le canevas de l'improvisation est le suivant :
Une personne attend un retardataire. Elle exprime son impatience. Le retardataire arrive et tente de se faire excuser. La personne ponctuelle accepte difficilement ces excuses ou ne les accepte pas du tout. La scène se termine sur un apaisement ou sur une dispute.

Chaque rôle est réparti entre deux participants : Le « ponctuel » et le « retardataire » ont chacun leur « voix intérieure ». Tout en réagissant aux comportements et aux arguments adverses, la voix intérieure et son personnage doivent être à l'écoute l'un de l'autre. Le personnage ponctuel débute en exprimant son impatience de façon non verbale durant quelques dizaines de secondes. Sa voix intérieure ne commence à parler qu'une fois imprégnée de l'état dans lequel se trouve le personnage. Elle prend alors la parole, soit en renforçant les attitudes exprimées, soit au contraire en marquant son désaccord avec le personnage et en le poussant à changer d'attitude.
Le retardataire entre lorsque l'impatience est suffisamment affirmée. Il commence par s'excuser. Sa voix intérieure réagit à son tour en l'incitant à développer ses arguments ou au contraire en l'incitant à adopter une autre stratégie.

| | |
|---|---|
| **Commentaires** | Les acteurs, comme dans toute improvisation, doivent considérer acquises – de façon irréversible – toutes les précisions sur la situation et sur les personnages apportées peu à peu par les partenaires. Les acteurs jouant les voix intérieures, soit restent en marge de |

l'espace scénique, soit y pénètrent et se placent derrière leurs personnages. Il va de soi que les acteurs jouant les voix sont invisibles pour les personnages. Les voix ne sont théoriquement entendues que de leur personnage (à la façon des apartés au théâtre).

Les acteurs jouant la voix intérieure d'un personnage seront très attentifs aux points de vue développés par les personnages pour que leurs interventions soient justes. Faute de quoi, ces interventions sembleront plaquées et peu crédibles. Ce rôle de la voix intérieure permet à des personnes redoutant de se montrer de donner libre cours à leur fantaisie tout en prouvant leur capacité d'écoute.

| | |
|---|---|
| **Objectif** | Comprendre que la volonté de faire entendre raison, renforcée par des positions et des principes arrêtés, empêche d'écouter ce qui permettrait de résoudre un problème commun. |
| **Matériel** | Aucun. Éventuellement un magnétoscope. |
| **Durée** | 60 minutes (80 minutes si magnétoscope). |
| **Déroulement** | Le formateur propose aux participants de jouer une rencontre entre deux groupes de cousins d'un nombre égal (cinq à sept personnes par groupe) pour tenter de trouver un accord concernant un héritage. Les autres participants sont observateurs. |

Dans un premier temps (10 minutes), chaque groupe de cousins consulte les informations qui le concernent et se concerte pour décider d'une attitude à adopter face à l'autre groupe.

Dans un second temps (20 minutes) les cousins se rencontrent. Les deux groupes sont installés face-à-face. Qu'il y ait ou non accord, la rencontre ne dépasse pas le délai donné. La rencontre est ensuite analysée avec les observateurs et le formateur. Si la rencontre a été enregistrée, l'enregistrement est visionné après un premier niveau d'analyse avec les participants.

**Informations communes**

Vous apprenez qu'un vieil oncle vient de décéder. Sans enfant, il a souhaité transmettre une maison à ses neveux et nièces. Votre oncle vous demande dans son testament de trouver un accord avec vos cousins.

Tous les cousins ont le même lien de parenté. Des experts compétents estiment que la vente de la maison pourrait rapporter aux héritiers 600 000 euros, une fois réglés les divers impôts et taxes rattachés à la succession. Faute d'accord, la maison sera vendue par « licitation » (vente d'un bien en justice devant un tribunal).

**Informations propres aux neveux de la branche A**

Le décès de votre vieil oncle vous a bouleversés. Vous avez souvent passé vos vacances chez lui. Vous avez toujours eu une grande affection pour lui et il vous le rendait bien.

Vous êtes très attachés à cette grande maison où vous passiez vos vacances et vous voulez la racheter pour en faire une maison familiale. Vous disposez encore, après avoir acquitté vos droits de succession, des 300 000 euros nécessaires pour racheter à vos cousins de l'autre branche leur part de la maison.

En ayant recours à des emprunts, vous pensez trouver au total 80 000 euros supplémentaires pour mettre en valeur la maison. Vous pourriez ainsi racheter le terrain d'un voisin – d'une valeur de 65 000 euros – où vous alliez jouer quand vous étiez enfants (à condition de vous décider dans l'immédiat, car ce terrain va être vendu rapidement). Vous espérez convaincre vos cousins de l'autre branche qu'ils acceptent que vous rachetiez leur part de la maison dans un bref délai.

Vous avez cependant avec vos autres cousins des rapports tendus. Compte tenu de la bonne surprise que constitue pour eux l'héritage de cet oncle, vous comptez bien leur imposer de participer à une cérémonie d'hommage réunissant tous les neveux. Pour vous, il est important dans la vie de savoir célébrer et vous supportez mal l'attitude grossière qui consiste à faire passer les intérêts matériels avant les sentiments.

### Informations propres aux neveux de la branche B

Le décès de votre oncle ne vous a pas causé un gros chagrin. Vous avez toujours eu le sentiment que cet homme ne vous aimait pas, alors qu'il choyait vos autres cousins. Vous estimez en outre avoir été lésés. Vos cousins de l'autre branche ont toujours bénéficié d'un régime de faveur, d'attentions particulières dans cette maison où ils passaient leurs vacances. Vous n'avez aucune envie de participer à une cérémonie où serait évoquée la mémoire de cet oncle. Vous avez fort peu de bons souvenirs communs. L'argent de cet héritage est cependant le bienvenu. Le reliquat de la vente de la maison une fois acquittés les droits de succession est estimé à 600 000 euros et la moitié de cette somme vous revient. Selon des experts compétents, les prix des maisons individuelles devraient de surcroît augmenter dans la période à venir. Vous envisagez la possibilité de faire durer la procédure de règlement de la succession en demandant de nouvelles expertises. La maison de l'oncle pourrait gagner 5 % de sa valeur en quelques mois.

Vous considérez vos cousins de l'autre branche comme des enfants gâtés. Vous ne supportez pas leur façon de faire la morale, leur air supérieur, et vous entendez bien leur faire entendre que leurs considérations sentimentales sont purement égoïstes et que vous n'entrerez pas dans leurs manipulations destinées à masquer une part qu'ils ont sans doute reçue de l'oncle sans que vous en soyez informés.

**Commentaires**

Deux systèmes de valeurs s'affrontent : l'esprit de famille s'oppose au réalisme économique. Si les uns et les autres défendent leurs positions de principe, aucun accord n'est possible. D'un côté, l'objectif d'organiser une cérémonie d'hommage rassemblant tous les neveux et la certitude de ne rien devoir aux autres, de l'autre côté, l'objectif de retarder la vente de la maison pour en augmenter le prix et la certitude que les autres vont bénéficier de privilèges.

Les participants vont probablement se percevoir dans une situation purement conflictuelle. Des « escalades symétriques »* vont sans doute se produire, chacun cherchant à prouver qu'il a raison plus que l'autre. Les « enjeux »* de la rencontre pour chaque groupe de cousins ne sont pas totalement connus par l'autre. Comme dans un jeu de compétition – un « jeu à somme nulle »* – ils vont déployer une « stratégie »* de communication où l'on donne le moins d'informations possible au concurrent, tout en l'orientant vers de fausses pistes, en bluffant et en tentant de le déstabiliser pour acquérir du « pouvoir* ». Certaines informations qui pourraient être utiles à un accord risquent donc de ne pas être communiquées.

Seule une écoute des besoins concernant l'héritage peut montrer qu'en regroupant leurs moyens personnels, les cousins de la branche A peuvent rassembler 80 000 euros. Ils peuvent donc à la fois acheter le terrain voisin d'une valeur de 65 000 euros et donner immédiatement à leurs cousins une somme supplémentaire (jusqu'à 15 000 euros). En retardant la vente de la maison, les cousins de la branche B espèrent en effet obtenir 5 % de la valeur de la maison, c'est-à-dire 15 000 euros de plus ; Ils pourront difficilement refuser l'offre immédiate de leurs cousins, s'ils estiment que le gain envisagé en retardant la vente de la maison reste une simple probabilité et qu'une vente par licitation serait défavorable à la branche B.

Les cousins de la branche A auraient ainsi la capacité de leur côté de préserver l'essentiel, en valorisant la maison de l'oncle par l'achat du terrain voisin. Les cousins pourront-ils imaginer un tel compromis ?

Il est possible d'utiliser ce cas dans le cadre d'une formation à la négociation. L'analyse est alors plus approfondie, concernant notamment la méthode de négociation (une négociation de type « coopératif »* serait efficace pour ces deux groupes de cousins).

*Voir lexique et document sur « Approche systémique » dans le Livret du Formateur.

# ÉCOUTER : POURQUOI ?

# ÉCOUTER POUR DÉCOUVRIR

| | |
|---|---|
| **Objectifs** | L'écoute peut avoir plusieurs fonctions : pour celui qui écoute, pour celui qui parle, pour la relation, pour le climat d'un groupe ou d'une équipe. À quoi « ça » sert ? Quelles sont les fonctions de l'écoute ? |
| **Durée** | 15 à 20 minutes selon la taille du groupe. |
| **Matériel** | Aucun. |
| **Déroulement** | Les participants se divisent en groupes de deux. Souvent il est proposé de travailler avec le voisin immédiat, pour éviter les déplacements. Pour éviter aussi l'hésitation et la perte de temps dans le choix du voisin, l'animateur peut lui-même désigner les groupes de deux successifs, en tournant du début à la fin des places de chacun. Il donne les consignes de type suivant : <br> « C'est un remue-méninges à deux. Tous les deux parlent et donnent des idées. L'un des deux note par écrit les réponses qui arrivent à l'un et à l'autre. Je vous propose d'explorer toutes les réponses qui vous viennent à l'esprit en réponse à une question que je vous exprime sous trois formes : Pourquoi écouter ? Quelles sont les fonctions de l'écoute ? À quoi ça sert ? Vous pouvez choisir la forme qui vous convient le mieux (il s'agit de la même chose dans les trois questions : pourquoi écouter ?) » <br><br> Lorsque l'animateur constate que près de la moitié du groupe semble avoir fini, il propose (sans noter nécessairement tous les mots aux tableau), que chaque groupe à tour de rôle lise à haute voix sa liste (à un rythme assez rapide). Il demande que tous écoutent afin de cocher sur leur propre liste les mots déjà dits et de n'ajouter lorsque leur tour arrive que les autres mots non encore dits. |
| **Commentaires** | **SYNTHÈSE** <br><br> Le résultat de cette production de groupe est résumé par l'animateur sous la forme d'une phrase inscrite au tableau dans le but de cerner les motivations essentielles de l'usage de l'écoute. |

Trois grandes utilités de l'écoute se dégagent de tous les mots dits :

**POUR SOI :** s'informer, comprendre, apprendre, mieux argumenter...

**POUR L'AUTRE :** le mettre à l'aise, l'aider à clarifier sa propre pensée, se libérer, le respecter...

**POUR LA RELATION :** dialoguer, échanger, permettre à une relation de se construire, trouver ensemble une solution à un problème....

**Variantes**

1) L'animateur ajoute dans la consigne : « Souvent on imagine qu'il n'y a qu'une seule réponse à ce type de questions. Faites l'expérience. Vous constaterez sans doute que plusieurs réponses vous viendront à l'esprit. Vous notez tous les mots différents auxquels cela vous fait penser. »

2) L'animateur, forme des groupes de trois, quatre, cinq, six, sept... personnes, au lieu de deux.

Mais nous avons constaté que le fait de le faire à deux ou trois conduit à une participation active et responsable de chacun qui contribue plus à une implication et une recherche ensemble.

3) Cette « technique » de recherche de réponses à une question peut s'appliquer à toute thématique de formation. Elle permet de privilégier l'expérience préalable des participants et renseigne très vite l'animateur sur le degré de connaissance, d'expérience et d'inventivité du groupe en l'autorisant à compléter ce qui n'a éventuellement pas été évoqué par le groupe et qu'il serait utile d'ajouter.

| | |
|---|---|
| **Objectifs** | Conjuguer le démarrage d'une session de formation et l'initiation à l'attitude d'écoute en permettant à chacun d'être « écoutant » et « écouté ».<br>Sensibiliser au glissement vers l'interprétation et vers l'évaluation dans la restitution des propos de l'autre. |
| **Matériel** | Aucun ou éventuellement un magnétophone à bonne sonorité pour une utilisation dans l'espace de la salle de formation.<br>L'usage du caméscope-magnétoscope dépend de l'appréciation de l'animateur, cet exercice se situant au démarrage d'un groupe. |
| **Durée** | Une heure à laquelle s'ajoutent cinq minutes par participant et un temps d'exploitation pédagogique qui dépend des choix de l'animateur (voir commentaires). Globalement cela correspond à une séquence de trois heures dans le découpage universitaire ou de la première demi-journée dans les séminaires de formation. |
| **Déroulement** | Cet exercice, bien connu des formateurs, s'inscrit dans le **démarrage d'un groupe**. Nous proposons ici d'en centrer l'animation sur l'écoute. |

**1ʳᵉ phase**

Afin de permettre aux participants d'un groupe de « faire connaissance », l'animateur propose le protocole suivant :
chaque participant est mis en binôme avec un autre participant. Il est important que les deux personnes ne se connaissent pas. Chaque binôme dispose d'une demi-heure pendant laquelle les deux participants vont « faire connaissance ». Si la situation géographique le permet, les binômes peuvent quitter la salle de formation et s'isoler ailleurs, mais ils sont soumis à un horaire de retour.
Il ne s'agit pas d'une discussion à bâtons rompus mais d'un premier exercice d'écoute.
Pendant le premier quart d'heure l'un des participants écoute l'autre se présenter comme il (= l'autre) le veut, l'idée de base étant que chacun choisit de dire de lui

ce qu'il souhaite transmettre aux autres. L'« écoutant » prend des notes. Il peut poser des questions d'approfondissement, demander des précisions ou des explicitations, mais respecte chez lui le refus de répondre à ses sollicitations. En outre il doit éviter d'introduire des thématiques non abordées par l'autre.

Au terme du premier quart d'heure il y a renversement des rôles.

Après les deux « entretiens », chaque participant rédige un compte rendu des informations que son « interviewé » lui a communiquées à son sujet afin de les présenter à l'ensemble du groupe, le principe étant que chacun présente celui qu'il a écouté. Il soumet son projet de présentation à l'autre qui en valide, corrige ou censure le contenu. Il convient en effet de respecter le désir de ne pas voir transmettre au groupe des propos que l'on a tenus dans la convivialité d'une relation à deux.

De plus, chacun est invité à noter ses remarques sur la façon dont il s'est senti écouté sur un papier séparé qu'il fait lire à son partenaire puis donne à l'animateur sans mention de nom ; L'anonymat permet une exploitation plus libre de ces données.

Ce travail une fois effectué, les membres du groupe reprennent place dans leur salle.

### 2ᵉ phase

La présentation commence soit par tour de table imposé, soit par ordre de volontariat selon le climat du groupe.

L'animateur précise que la personne présentée peut apporter tous les correctifs souhaités sur ce qui est dit à son sujet.

Au terme de chaque présentation un membre du groupe a la possibilité de poser une question, mais strictement en lien avec ce qu'il a entendu. La personne interrogée a la liberté de refuser de répondre.

Pendant cette présentation, l'animateur prend en note des expressions qui traduisent le jugement (« Il est plutôt réservé, elle est sympathique... »), l'interprétation, l'implication personnelle (« Il/elle est comme moi, il/elle aime, pratique…, contrairement à moi… »).

### 3e phase

Au terme de la présentation, l'animateur sollicite le groupe autour de questions telles que :
– Y a-t-il eu respect des consignes ou discussions à bâtons rompus ?
– Le temps de parole sur soi a-t-il été équilibré ?
– Que se passait-il « dans votre tête » quand vous écoutiez ?
Il s'agit ici de mettre en évidence le désir de poser des questions sur ce qui intéresse l'« interviewer », sur la difficulté de se centrer sur l'autre.
– Que ressentiez-vous en tant qu' « interviewé » libre de choisir ses propos ?
Cela permet de pointer la difficulté de parler de soi, de s'exprimer sans cadre imposé, la crainte du jugement de l'autre.
– La façon dont s'est faite la première présentation a-t-elle « déteint » sur les choix de la seconde ?
Ces constatations permettent d'introduire des notions comme l'interaction dans la communication.
– Comment vous êtes-vous « senti » écouté ?
Il s'agit ici d'aborder les pratiques bonnes ou maladroites qui ont été mises en œuvre dans les différents binômes. À l'appui de ces remarques, l'animateur lit rapidement quelques-unes des fiches d'appréciation qui lui ont été remises.

### 4e phase

En se fondant sur tout ce travail préparatoire, l'animateur introduit la formation à l'écoute. Les contraintes de temps l'amèneront probablement à une introduction rapide qui sera reprise lors de la séance suivante.

**Commentaires**

Le recours à l'enregistrement audio ou audiovisuel enrichit l'exploitation de cet exercice mais il nécessite de la part de l'animateur une sélection préalable (noter le numéro qui s'affiche au compteur du matériel d'enregistrement à chaque fois qu'il pense qu'une séquence présente un intérêt pour les commentaires ultérieurs).

Cet exercice très riche d'enseignements, fournit un démarrage « original » au groupe dans la mesure où il se démarque du tour de table traditionnel tout en respectant la volonté de chacun. Il permet de sensibiliser à l'écoute en offrant aux participants la possibilité d'être dans les deux rôles (écoutant, écouté) alternativement.

L'animateur veille pendant toute la présentation en grand groupe à ce qu'il n'y ait pas d'expression d'évaluation, de jugement, de commentaires – sauf d'ordre méthodologique – sur les participants et intervient autoritairement si besoin en est.

Cet exercice peut être combiné avec celui de la fiche n° 9.

**Variantes**

L'animateur donne des pistes sur les thèmes qui sont abordées dans les présentations. Ces orientations dépendent du groupe concerné.
Pour des publics étudiants, nous conseillons de proposer d'être « bref » sur le parcours scolaire et / ou universitaire et de privilégier des thèmes comme les centres d'intérêts, les valeurs personnelles, la culture familiale, les projets...
Pour des publics de personnes plus âgées et déjà engagées dans la vie professionnelle, le parcours de chacun est à explorer ainsi que les thèmes cités dans le cas précédent.

# ÉCOUTER POUR MÉMORISER

| | |
|---|---|
| **Objectif** | Entraîner à la pratique de la prise de notes en lien avec la qualité de l'écoute.<br>Mettre en évidence la dimension subjective de l'écoute et de la mémorisation. |
| **Matériel** | Un magnétophone ou un magnétoscope. |
| **Documents** | Un texte pouvant donner lieu à une lecture face au groupe ou bien un « cours » ou un exposé préparé par l'animateur. |
| **Durée** | 1 h 30 à 2 h. |
| **Déroulement** | Le principe de cet exercice consiste à soumettre les participants à une « communication » orale (de 20 à 30 minutes) et à leur demander de prendre des notes en vue d'en garder une trace la plus complète possible. Cette communication orale varie selon les publics :<br>– un article de journal lu par l'animateur ;<br>– un cours ou un exposé préparés par l'animateur. |

**1re phase**

L'animateur explique la consigne de l'exercice. Il fait devant les participants une prestation orale (lecture d'un texte ou cours ou exposé) et eux sont attentifs à l'ensemble du contenu et prennent des notes pour en garder une trace la plus complète possible.

Puis il effectue ladite intervention. Si c'est un texte, il veille à le « parler » et non à le lire d'une façon monocorde ou à le dicter.

Il enregistre sa prise de parole intégralement au magnétoscope ou au magnétophone selon les moyens dont il dispose.

**2e phase**

Au terme de ce travail, les participants sont répartis en sous-groupes (4 personnes de préférence) et sont invités à comparer leurs notes en mettant en évidence :
– les points d'accord (ce qu'ils ont tous noté de façon équivalente) ;

– les points de divergence (des contenus différents à propos de certains aspects) ;
– les écarts (les éléments notés par les uns et omis par les autres).

**3ᵉ phase**

Chaque sous-groupe rend compte du bilan de ses échanges par le biais d'un rapporteur.
L'animateur passe ensuite l'enregistrement afin de confronter *a posteriori* les participants à la distance entre leurs notes et son intervention orale.
Selon que les difficultés sont apparues sur l'ensemble de son intervention ou sur certains aspects seulement il repasse tout ou partie de l'enregistrement.

**4ᵉ phase**

L'animateur propose ensuite à l'ensemble du groupe d'échanger sur cette expérience autour de deux questions :
– comment chacun a-t-il « écouté » ?
– comment chacun a-t-il pris ses notes ?
Il est important ici que chacun puisse parler de son expérience et d'éviter de se centrer sur la difficulté d'écouter et de noter en même temps, celle-ci pouvant donner lieu à des apports didactiques et à des exercices spécifiques.

**Commentaires**

Cet exercice présente l'intérêt de mettre en lien l'écoute avec les « traces » écrites qu'il en reste (notes sélectives, allusives, interprétatives, tronquées…).

Dans le cadre d'une formation à la prise de notes il constitue une bonne introduction au travail. En outre, les notes prises peuvent être interrogées pour une mise en évidence des modifications à apporter dans sa pratique.

La rédaction d'un résumé de l'intervention orale complète avantageusement cet exercice. Celle-ci se situe alors au terme de la seconde phase.

Sur la prise de notes, il est possible de se reporter à « La prise de notes intelligente » de Renée et Jean SIMONET, aux Éditions d'Organisation.

**Variantes**

L'animateur propose comme support de cet exercice une conférence enregistrée ou un émission de radio ou de télévision.

S'il choisit de lire un texte, lors de la 3ᵉ phase, il en remet une copie à chaque participant plutôt que de passer l'enregistrement de sa lecture.

| | |
|---|---|
| **Objectifs** | Entraîner à l'écoute et au questionnement dans le cadre d'un exposé ou d'une conférence, d'une réunion de présentation d'un sujet, d'un projet... Écouter pour mieux situer ses questions en relation avec ce qui a été dit, pour argumenter en phase avec les arguments des autres. |
| **Matériel** | Un ensemble caméscope-magnétoscope ou un magnétophone puissant. |
| **Durée** | De 30 minutes à une heure. |
| **Déroulement** | **1$^{re}$ phase** |

Le démarrage de cet exercice est conçu différemment selon les caractéristiques du groupe en formation. Le principe est que les participants assistent à un exposé, une conférence, une présentation orale... et qu'ils traduisent ensuite par la formulation de leurs questions une attitude d'écoute.

Voici quelques situations possibles pour cette première phase :
– Un membre du groupe fait pendant 10 minutes un exposé qu'il a préalablement préparé. Il s'agit d'apporter aux autres participants des connaissances nouvelles.
– L'animateur expose une question pendant 10 minutes, soit qu'il l'ait préparée, soit qu'il lise – en y mettant le ton de la « conférence » – un article de journal jugé correspondre à ce type d'exercice .
– Un invité présente un sujet relevant de son expérience ou de sa compétence devant le groupe. Dans l'enseignement supérieur ou dans certaines formations d'adultes, il est possible d'accueillir un représentant d'une entreprise ou d'un secteur d'activité au moment où s'inscrit la préparation à la recherche de stage ou d'emploi.

**2$^e$ phase**

Après cette intervention orale, les participants sont invités à poser des questions en lien avec ce qui a été développé. Ils ont pour consigne de reformuler systématiquement la teneur des propos auxquels ils réagissent avant de poser leurs questions (« Vous avez évoqué..., j'aimerais savoir si... ; en parlant de..., vous avez dit que..., pouvez-vous me dire pourquoi... ? ») Quand c'est le cas, ils précisent qu'ils introduisent un thème nouveau (« Il me semble que vous n'avez pas abordé la question de..., pourriez-vous nous en parler ? »).

Cette démarche leur a été rappelée avant que ne commence l'exposé. Cependant, dans le cas où l'« orateur » est extérieur au groupe, l'animateur prépare la séance auparavant pour ne pas donner à cet intervenant l'impression qu'il est « prétexte à exercice ».

L'animateur note, telles qu'elles sont formulées, les questions des participants.

L'intervention est enregistrée si l'intervention est faite par l'animateur ou un participant. En cas d'un intervenant extérieur, il lui demande l'autorisation d'enregistrer, uniquement au magnétophone, ses propos.

### 3e phase

Cette phase se déroule dans la continuité de la précédente si l'intervention orale est faite par l'animateur ou un des membres du groupe. Elle s'effectue ultérieurement, dans le cas d'un intervenant extérieur.

L'animateur reprend l'une après l'autre les questions telles qu'elles ont été formulées. Il les analyse avec le groupe en se centrant sur leur lien avec les propos entendus, leur expression, leur pertinence, leur clarté et en veillant à ce qu'aucun jugement ne soit porté sur ceux qui les ont posées.

En cas de désaccord dans le groupe sur ce qui a été dit, l'écoute de la bande enregistrée se révèle utile.

### 4e phase (facultative)

Si l'animateur a le sentiment que le groupe possède encore des facultés de concentration sur cet exercice, il propose que la totalité de l'intervention soit visionnée et / ou écoutée autour des préoccupations suivantes :

– y avait-il dans l'intervention des éléments de réponse aux questions qui ont été posées ?
– certains propos pouvaient-ils susciter des questions qui n'ont pas émergé la première fois ?
– à titre individuel, les participants ont-ils « entendu » certaines choses qui leur avaient échappé la première fois ?

Ces aspects sont abordés au fur et à mesure de la « réécoute ».

**Commentaires**

Dans le cadre de formations qui incluent la prise de parole en public, cet exercice peut être combiné avec la présentation d'exposés.
Les participants sont parfois réticents aux contraintes liées à la formulation des questions, dénonçant un côté « artificiel ». Tout en acceptant ces critiques, l'animateur insiste sur l'importance de cadres formels dans cet apprentissage.

Nous avons proposé deux situations d'intervention, l'une par un membre du groupe, animateur compris, l'autre par un « invité ». Il s'agit pour l'animateur d'adapter cet exercice à la situation et de veiller à ce que l'intervenant extérieur ne se sente pas « prétexte à exercice ».
Il est possible toutefois que l'exposé soit fait par une personne extérieure au groupe mais associée aux objectifs pédagogiques de la séance (un collègue d'une autre discipline dans le cadre de l'enseignement supérieur, un autre formateur, un cadre de l'entreprise où se déroule le stage...). L'exercice inclut les remarques et apports pédagogiques éventuels de l'intervenant.

Cet exercice peut être mis en lien avec les exercices sur la « Reformulation » (voir fiches 47 à 52).

**Variantes**

Au terme de l'exposé, l'animateur demande aux participants de prendre un temps pour formuler leurs questions par écrit avant de les poser à l'« orateur ». Cette démarche présente l'intérêt de mobiliser l'ensemble du groupe autour de la formulation de questions et d'éviter que seuls quelques participants qui prennent la parole plus facilement participent à ce travail.

Quand l'orateur est un membre du groupe, cet exerci-ce peut être jumelé avec le n° 23.

**Objectif**

Sensibiliser les stagiaires à l'importance de l'écoute dans la pertinence du questionnement.

Cet exercice est particulièrement significatif dans les séquences de formation centrées sur l'entretien de stage ou d'embauche. Il renvoie à la pratique selon laquelle le « recruteur » parle assez longuement de l'entreprise ou de l'organisation du travail et clôture sa présentation par : « Avez-vous des questions à poser ? ». En dehors des centres d'intérêt du candidat, c'est sa capacité d'écoute et de reformulation qui est ici testée.

**Matériel**

Un ensemble caméscope-magnétoscope-TV de diffusion ou, à défaut, un magnétophone puissant.

**Durée**

Environ 45 mn.

**Déroulement**

L'animateur présente l'objectif de l'exercice, qui est de poser des questions en lien avec les propos entendus et de savoir formuler ses interventions de façon à témoigner de leur écoute.

Par exemple :

- « Vous avez parlé de / vous avez évoqué / vous avez mentionné... J'aimerais justement savoir si / je voudrais vous demander comment / j'aimerais plus de précision sur... »
- « Je vous remercie de votre présentation, elle me permet de bien comprendre les caractéristiques du poste / de situer l'entreprise par rapport au marché / de me faire une idée claire sur les exigences du travail demandé... Mais j'aurais souhaité avoir également des informations sur... »

Puis l'animateur présente au groupe une entreprise et / ou un service qui ont des postes auxquels les participants peuvent postuler (stage ou emploi, selon le groupe). Sa présentation dure environ 10 minutes, elle est enregistrée.

Ensuite il demande aux participants, l'un après l'autre de consigner par écrit une question formulée comme s'il s'agissait d'un entretien de recrutement. Cette phase d'écriture est indispensable pour permettre à chacun de préparer sa question. Les participants lisent ensuite leurs questions à tour de rôle et l'animateur recueille les propositions. Cette phase est également enregistrée.

*N.B.* L'étape d'écriture est indispensable pour éviter que les participants ne se laissent influencer par les autres si l'on se limite à l'énoncé des questions.

L'animateur suscite les commentaires et questions du groupe, puis il visionne tout ou partie des interventions et en fait l'analyse avec les participants. L'enregistrement de l'exposé de l'animateur sert de contrôle en cas d'incertitudes concernant ce qui a été dit (ou non dit).

À titre de « vérification » il invite les participants à produire de nouvelles questions conformes à la mise en œuvre de l'attitude d'écoute dans la reformulation des questions.

**Commentaires**

L'intérêt de cet exercice lié à la recherche de stage ou d'emploi est que les participants se sentent concernés par le contexte simulé et donc impliqués dans le travail. Il est important de le mettre en œuvre avec des publics confrontés à court terme à des démarches de recherche d'emploi.

Nous proposons d'autres exercices liés à des situations concrètes de questionnement qui concernent l'entretien de vente, la négociation, la réunion d'information...

Cet exercice peut être mis en lien avec les exercices sur la « reformulation » proposés dans les fiches n° 49 à 51.

**Variantes**

Cet exercice offre la possibilité d'être prolongé par un travail préparé d'une séance sur l'autre.

Chaque participant prépare un petit topo sur une entreprise, un profil de poste, le choix étant lié à la nature du groupe.

Dans le cadre de sous- groupes de quatre personnes, chacun fait sa présentation et les autres « produisent » le maximum de questions en lien avec ce qui a été dit. L'animateur « circule » d'un sous-groupe à l'autre et intervient comme l'exige la qualité des reformulations qu'il entend .

| | ÉCOUTER UNE POPULATION VISÉE POUR ÉLABORER UN QUESTIONNAIRE | N° 24₁ |

**Objectif**

Former aux phases préparatoires à la rédaction d'un questionnaire à partir de l'écoute de sujets appartenant à la « cible » visée.
Mettre en regard ses représentations de l'expérience des autres et l'expression, par ceux-ci, de leur propre expérience.

**Matériel**

Des magnétophones ou dictaphones utilisables par les participants hors du lieu de formation.

**Durée**

Plusieurs séquences de travail réparties sur une période de trois semaines.
Un travail personnel pour les participants hors session de formation.

**Déroulement**

**PREMIÈRE SÉQUENCE : LE CHOIX DE L'ENQUÊTE** (3 HEURES)

**1ʳᵉ phase : Le thème et la « cible »**
L'animateur présente aux participants le projet d'élaborer un questionnaire d'enquête. Il s'agit de choisir un thème à explorer et une population cible à questionner. Il coordonne les échanges dans le groupe pour parvenir à un accord en veillant à plusieurs points :
– le thème est clairement défini et évite la complexité ;
– la population concernée par le questionnaire est facilement accessible. Le but est d'atténuer les obstacles matériels et de ne pas détourner l'exercice de ses objectifs ;
– le thème correspond, autant que faire se peut, à des centres d'intérêt partagés par les participants. Cependant les participants ne font pas partie de la « cible ».

**2ᵉ phase : Vers le contenu des questions**
Les participants sont divisés en sous-groupes de 3 à 4 personnes avec pour tâches :

– recenser l'ensemble des « domaines » qui permettent d'explorer le thème.

Exemples
Les thèmes : l'évaluation d'un restaurant d'entreprise autre que le sien.

Les domaines : la nourriture, le cadre, le coût, les relations, les horaires...

– recenser de façon exhaustive les éléments qui permettent d'explorer chacun des « domaines » retenus.

Exemples
Les éléments relatifs au « cadre du restaurant » : l'esthétique, la sonorité, la luminosité, la disposition des tables...
Pour des questions de commodité d'exploitation, les éléments relatifs à chacun des « domaines » sont regroupés sur une même feuille (une pour « le cadre », une pour « la nourriture »...).

**3ᵉ phase : Des « représentations » semblables et différentes**

L'animateur conduit les échanges en grand groupe de façon à faire la synthèse des propositions des sous-groupes.
Selon le temps dont il dispose, il fait un recensement exhaustif ou partiel.
L'objectif est de mettre en évidence des éléments communs et des éléments différents d'un sous-groupe à l'autre et d'attirer l'attention sur l'implication de chacun dans la conception d'un questionnaire.
Ces analyses permettent de fonder la suite du travail, à savoir la nécessaire écoute de l'expérience des gens concernés par le questionnaire pour éviter que celui-ci ne soit que la projection des représentations du questionneur.
Pour conduire le travail ultérieur les documents témoignant des propositions des différents sous-groupes et de la synthèse sont conservés par l'animateur.

**DEUXIÈME SÉQUENCE : À L'ÉCOUTE D'UN ÉCHANTILLON DE LA « CIBLE »**

Cette séquence de travail implique que les participants soient préalablement formés à pratique de l'entretien non-directif (voir fiche n° 54).

### 1ʳᵉ phase : Préparation des entretiens

L'animateur explique les objectifs des entretiens exploratoires préalablement à l'élaboration d'un questionnaire : écouter l'expérience vécue de personnes appartenant à la même population que celle à laquelle est destiné le questionnaire afin de ne pas se limiter aux éléments produits par les seuls rédacteurs du questionnaire.

Chacun des participants mène un entretien sur le thème choisi et l'enregistre. Une échéance est fixée pour la réalisation de cet entretien et la mise en commun des données.

L'animateur précise avec le groupe la formulation du protocole de l'entretien ainsi que la question de départ avec laquelle les participants vont débuter leurs interviews (« Vous prenez vos déjeuners au restaurant du personnel, j'aimerais que vous m'en parliez »).

### 2ᵉ phase : Les données issues des entretiens

Chaque participant travaille, hors des séances de formation, sur son entretien autour de la question suivante : « Quels sont les éléments permettant d'explorer le thème concerné qui ont été abordés dans l'entretien et qui n'avaient pas été pris en compte dans la préparation du questionnaire par le groupe ? »

À l'échéance prévue, le groupe travaille sur les nouvelles données issues des entretiens.

L'animateur recense les éléments produits par les interviewés et conduit les participants à réfléchir sur l'écart entre la préparation du questionnaire avant les entretiens, et les données postérieures à l'entretien. Il insiste sur l'importance de l'écoute et le rôle des entretiens non-directifs dans le travail préparatoire à l'élaboration d'un questionnaire.

### TROISIÈME SÉQUENCE : LA CONSTRUCTION ET LE TEST DU QUESTIONNAIRE

Nous ne nous étendrons pas ici sur cette phase du travail qui mobilise des connaissances sur les différents types de questions (voir fiche n° 25) et des capacités rédactionnelles.

Une fois le questionnaire rédigé, il est indispensable de le tester afin de mettre à l'épreuve son intelligibilité et son adéquation à la « cible » concernée.
Les participants distribuent ce questionnaire aux personnes correspondant à la population ciblée et sont à l'écoute de leurs difficultés de compréhension ou de leurs questions le concernant. Le but n'est pas, face à la personne questionnée, d'expliquer ou de se justifier, mais de l'écouter et d'accepter tous les écueils que celle-ci rencontre.

À la séance prévue à cet effet, les participants mettent en commun les résultats de ces tests et modifient le questionnaire conformément aux conclusions tirées de ce travail de groupe.

**Commentaires**

Le travail sur le questionnaire demande du temps et s'adapte aux besoins du groupe.

**Variantes**

Indépendamment d'une formation à l'élaboration d'un questionnaire qui implique le passage par toutes les phases décrites ci-dessus, toute formation à l'écoute peut avoir recours à un travail sur le questionnaire pour mettre en évidence le poids des représentations et le rôle de l'écoute pour l'atténuer. Dans la mesure où tout un chacun est soumis à des questionnaires, il est possible de faire appel aux expériences des participants sur les questionnaires auxquels ils ont été soumis et qui ne parlaient pas d'eux. Cette sensibilisation constitue une bonne introduction au travail

Un travail peut être mené au sein d'un sous-groupe, autour de thèmes qui concernent quelques participants. Le thème du violon d'Ingres est un bon thème par exemple, au sens où dans un groupe il y a toujours des sportifs, des passionnés de bricolage, des musiciens, des lecteurs réguliers... L'animateur les réunit en sous-groupes en affectant un thème à chacun : Il les regroupe en fonction de leur non-implication dans l'activité sur laquelle portera le questionnaire. Puis il

suit le schéma suivant :
- chaque sous-groupe produit les éléments constitutifs du questionnaire ;
- chaque participant interviewe un des participants relevant du thème sur lequel il a travaillé ;
- en retournant dans leurs sous-groupes respectifs, les participants constatent l'écart entre leurs représentations et les données des entretiens ;
- un travail d'exploitation est mené par l'animateur dans la mise en commun des conclusions de chaque sous-groupe.

**Objectifs**

Prendre conscience de l'infinité des ressources qu'offre le questionnement pour rechercher des informations utiles et « nourrir » l'écoute.

Disposer d'un aide-mémoire de mots clés permettant de « penser » et trouver à tout instant des questions ouvrant sur de nouvelles informations à écouter.

**Durée**

15 minutes.

**Déroulement**

À partir d'un même thème d'enquête donné (ou d'une personne à interviewer pour mieux la connaître) chacun écrit sur une feuille, dans le désordre, le MAXIMUM de questions qui lui passent par la tête (remue-méninges).

En groupes de cinq à sept personnes, les participants mettent en commun leurs questions et essayent de dégager une ou plusieurs classifications de ces questions autour de rubriques qui les réunissent, permettant d'en faire un guide d'entretien.

L'animateur invite à la mise en commun des classifications et ajoute des rubriques éventuelles. Il rappelle que disposer d'un guide d'entretien, c'est se sentir disponible pour écouter, sans être préoccupé par l'inconnue de nouvelles questions à poser. On les a en réserve et, si besoin est, on jette un coup d'œil à ses notes pour continuer.

**Commentaire**

**SYNTHÈSE**

Le questionnement peut être enrichi à partir des apports des membres du groupe et à partir des éléments fournis ici à titre d'exemple, pouvant s'appliquer plus ou moins dans chaque cas.

EXEMPLES DE QUESTIONS PORTANT SUR :

LE TEMPS : Depuis quand... À partir de quand... Pour combien de temps... Quels sont les moments les meilleurs pour... ?

**L'ESPACE** : Où... Pourquoi là... Est-ce possible ailleurs... Qu'est-ce qui fait que cela est possible là... Quels sont les espaces les meilleurs... ?

**LES ACTEURS** : Avec qui... Pourquoi eux... Quelles sont leurs relations... De qui dépendent-ils et qui décide... Pouvez-vous décrire chacun... ?

**LES MATIÈRES** : Quels matériaux utiliser... Quels VOLUMES, POIDS, TAILLES, FORMAT, COULEURS ... Pourquoi... Choisi par qui et comment... ?

**LES RÈGLES** : Y a-t-il des règles ou des lois à ce sujet... Lesquelles... Décidées quand... par qui... Comment... ?

**LE CONTRÔLE ET LES GARANTIES** : Comment saurez-vous si... Qu'est-ce qui peut vous donner confiance... Quelles garanties avez-vous à propos de... ?

**LES COMPARAISONS** : Comment cela se passe-t-il ailleurs... Quelles sont les ressemblances et différences... Qu'est-ce qui est à l'origine de ces différences... ?

**LES EFFETS** : Que se passe-t-il (s'est-il passé) depuis... Cela évolue-t-il... Y a-t-il eu des études sur les conséquences de... Qu'en disent les... Attend-on d'autres effets... Cela correspond-il à ce qui était attendu (prévisions)... ?

**LES ARGUMENTS POUR ET CONTRE** : En quoi seriez-vous défavorable ou favorable à... Et qu'en disent les autres... (en général ou avec des catégories, ou avec un nom d'acteur bien précis) Quels sont les arguments utilisés en faveur et en défaveur de... ?

**L'USAGE DE LA LIAISON PASSE-PRÉSENT-FUTUR ET LES PRÉCONISATIONS** : Que retenez-vous du passé aujourd'hui et que souhaitez-vous pour l'avenir... Vous conseilleriez quoi... Pourquoi... Si vous étiez à cette place que feriez vous... ?

Ce qui précède vise ici, dans le cadre de l'écoute, à :
- désangoisser l'écoutant de sa crainte de ne plus avoir de question et de rester « sec » ;
- rappeler la richesse du questionnement lorsqu'en situation professionnelle ou personnelle on a besoin d'avoir une diversité d'informations.

De plus il peut être intéressant que le questionneur-écoutant SE DONNE LE TEMPS de rechercher et trouver sa question APRÈS avoir écouté. Il n'est pas obligé de préparer sa future question pendant l'écoute et a lui-même droit à un temps de réflexion, avant de reprendre la parole.

**Objectif**

Dans quelle mesure la réponse que l'on écoute est le reflet de la question que l'on a soi-même posée ? L'influence que le questionneur, à un moment donné, exerce sur la réponse en retour est ici reliée à la connaissance de quelques grands types de questions et au choix des mots de la question. Savoir que la réponse, même spontanée, de l'autre, peut être aussi ce que ma question lui a imposé de moi-même.

(Voir « Quelles questions pour quelles réponses ? » dans le Livret du Formateur).

**Matériel**

Aucun.

**Durée**

De 30 à 45 minutes.

**Déroulement**

À partir d'un thème donné (ou d'une personne à interviewer pour mieux la connaître) chacun écrit sur le même sujet le MAXIMUM de questions qui lui passent par la tête (remue-méninges).

En groupes de cinq à sept personnes, les participants mettent en commun leurs questions. L'animateur invite après les quelques minutes de rédaction de celles-ci à réfléchir au choix des mots dans leur formulation. Ils réunissent les questions qui sont sur un même sous-thème et comparent leur formulation. Ils répondent entre autres aux interrogations suivantes :

1) Y a-t-il des questions dont je préfère la formulation, par rapport à d'autres, sur un thème donné ?

2) Puis-je illustrer, à partir de ces exemples, que le choix des mots, de leur ordre et de leur interprétation par celui / celle qui entendra la question pourrait influencer la quantité et la qualité de la réponse ?

**Variantes**

Il peut arriver qu'une production réduite de questions ne permette pas de mettre en relief une variété de questions sur un même thème. L'animateur a alors en réserve une série de questions ou bien démarre l'exercice sans remue-méninges de groupe, avec une série de questions qu'il donne par écrit. Voici un exemple de consignes :

« Vous avez le projet d'interroger un journaliste sur son expérience. Vous avez regroupé vos idées de questions par thème. Très productif, vous avez été amené à imaginer spontanément pour chaque thème diverses questions, souvent fort voisines. Et, là, aujourd'hui, il faut choisir. Vous vous interrogez sur l'impact que peut avoir la question sur la personne qui répond. Vous analysez et différenciez les effets possibles de ces questions pour choisir en examinant les avantages et inconvénients de chacune. »

*N.B.* Chaque formateur peut, en fonction du contexte des participants, construire à partir de structures similaires des séries de questions à comparer. (Ce qui est indiqué **en gras** ici, pour faciliter l'attention du lecteur-formateur en vue de l'analyse de questions, ne le serait pas pour le groupe de formation).

### CONTENU DES EXPÉRIENCES

1) Avez-vous travaillé plutôt dans le contexte politique **ou** social ?

2) Travaillez-vous dans un seul domaine **ou** plusieurs ?

3) Êtes-vous un journaliste spécialisé **ou** généraliste ?

4) Dans quels **domaines** travaillez-vous ?

5) Quelles sont vos **spécialités** en tant que journaliste ?

6) Pourriez-vous parler de vos **expériences** de journaliste ?

7) Je vous propose de parler de **votre expérience** de journaliste et de **tout ce que cela évoque pour vous.**

8) **De quoi aimeriez-vous parler** si je vous proposais de parler de votre métier ?

9) **Quelles sont vos spécialités en tant que journa-liste ? Les avez-vous choisies ? Vous ont-elles été imposées ? Le travail est-il le même dans les différents domaines ? Est-ce vous ou la rédaction en chef qui décide du contenu final de l'article ?**

ÉVALUATION DES EXPÉRIENCES

10) **Quelles sont les expériences** qui vous ont le plus intéressé et celles qui vous ont le moins intéressé ?

11) **Vous avez évoqué vos diverses expériences de journaliste. Elles sont nombreuses et variées : Dans divers pays et dans divers journaux.** Pourriez-vous parler de celles qui vous ont le plus intéressé et le moins intéressé ?

12) **Pourriez-vous me dire précisément** ce qui vous a intéressé et ce qui vous a déplu dans vos expériences de journaliste ?

13) Qu'aimez-vous dans le journalisme ? **La diversité, le contact, le fait d'apprendre des choses nouvelles, l'écriture de l'article ?**

14) **Qu'aimez-vous dans le journalisme ?**

15) Y a-t-il des aspects que vous aimez et des aspects que vous n'aimez pas dans le journalisme. **Si oui, lesquels ?**

PERSPECTIVES D'AVENIR

16) Vous avez certainement des projets pour le futur. **Lesquels ?**

17) Avez-vous des projets pour le futur ? **Si oui, lesquels ?**

18) **Quels sont vos projets** pour le futur ?

**Commentaires**

**SYNTHÈSE**

L'objectif étant d'induire en chacun un « questionne-ment sur le questionnement », l'animateur peut, à son gré, choisir entre quelques exemples significatifs d'influence (qui permettront ultérieurement à chacun d'être sensible au choix des mots de la question) et un véritable apport didactique de quelques minutes sur différents types de question.

**Variantes**

L'animateur prolonge l'exercice en faisant travailler l'ensemble du groupe sur le même objectif par des interviews réciproques à deux ou, avec un observateur, à trois. Dans ce cas trois interviews successifs de cinq minutes environ ont lieu, chacun étant à tour de rôle observateur, questionné et questionneur.

# ÉCOUTER POUR RÉPONDRE

**Objectif**

Développer une argumentation fondée sur l'écoute de l'interlocuteur.
Dans le cadre de l'entretien de vente, s'adapter aux caractéristiques propres aux acheteurs potentiels.

**Matériel**

Un matériel d'enregistrement vidéo et de diffusion.

**Documents**

Des cas conçus comme suit :
– les fiches techniques d'une gamme de produits correspondant au même usage mais différents par leurs caractéristiques, leur prix…
– des fiches descriptives de différents « clients » intéressés par ces produits.

**EXEMPLES**

Vente de réfrigérateurs-congélateurs :
– fiches concernant des appareils de contenance distincte, d'esthétique différente, de marques plus ou moins connues, de prix variables ;
– « typologie » de clients : vivant seuls, avec famille (plus ou moins grande), disposant d'espace différent dans leur cuisine…

Vente de voitures, d'ordinateurs, de mobilier…

Vente de voyages, de séjours, de types de buffet pour une réception…

Le choix est fait en fonction du public en formation. S'il s'agit de vendeurs l'exercice est fondé sur les produits ou services qui les concernent, sinon, le choix se porte sur des objets ou services du quotidien.
Les participants peuvent également être sollicités pour l'élaboration de ces cas (voir variantes).

**Durée**

Entre une heure et deux heures selon le nombre de cas mis en scène.

**Déroulement**

**1$^{re}$ phase : La mise en scène**

L'animateur explique la consigne de l'exercice :

Il s'agit de vendre un produit correspondant à la spécificité du client. Un des participants joue le rôle de vendeur pour une gamme de produits dont les fiches techniques lui sont remises.

D'autres participants qui vont se succéder, jouent le rôle d'acheteurs potentiels (seuls ou en couple avec ou sans enfant...) dont les caractéristiques leur sont communiquées. À partir de celles-ci, ils ont la latitude d'enrichir leurs « personnages » au fur et à mesure de l'échange. Il est conseillé de prendre l'option de trois entretiens pour éviter la lassitude des observateurs.

L'animateur fait appel à des volontaires pour jouer les différents rôles. Faute de volontaires, il procède par tirage au sort.

Il distribue les fiches qui les concernent aux différents acteurs et leur laisse le temps de préparation qu'il juge opportun selon les scenarii qu'il a choisis. Chaque « acheteur » peut travailler sa préparation (questions, réserves, réticences, attentes...) avec un autre participant.

Le « vendeur » n'est pas informé des caractéristiques des « acheteurs ».

Dans la mesure où l'effectif du groupe ne permet pas d'occuper tous les participants sur un seul cas, l'animateur a la possibilité, après avoir expliqué les consignes, de faire démarrer le travail de préparation sur les trois cas en même temps. Les entretiens se succèdent ensuite.

### 2ᵉ phase : Les entretiens de vente

Pour chacun des cas, le protocole est le même. Le participant « vendeur » s'entretient successivement avec les différents « acheteurs ».

Les différentes séquences sont enregistrées.

Les observateurs prennent des notes sur la qualité de l'argumentation chez le « vendeur » :
- pratique de l'écoute, de la reformulation ;
- pertinence des arguments par rapport au discours de l'acheteur ;

– adéquation à l'interlocuteur (langage employé, rythme de la parole, référence à des savoirs techniques...) ;
– réponse aux objections ;
– clarté des informations...

Il s'agit ici d'être exigeant sur l'argumentation du « vendeur », les acheteurs n'ayant aucune obligation d'expression (« le client est roi »). Toutefois l'animateur veille à ce que ceux-ci ne s'« amusent » pas à tomber dans la caricature du client « insupportable ».

### 3ᵉ phase : L'analyse de l'argumentation

L'exploitation de cet exercice se fait à l'issue de chaque cas, à partir de différents éléments :
– les remarques des « acheteurs » sur la façon dont ils se sont sentis écoutés, compris, contraints, ménagés, « argumentés » et sur l'efficacité de l'argumentation ;
– les commentaires du « vendeur » : sa perception des caractéristiques des différents clients, ses difficultés, ses interrogations...
– les comptes rendus des observateurs ;
– l'enregistrement qui permet d'analyser le comportement du « vendeur », la qualité de son écoute, la pertinence de ses arguments.

**Commentaires**

La pratique du jeu de rôle autorise de travailler sur l'articulation entre l'écoute et l'argumentation dans une situation où l'interactivité est fondamentale.

**Variantes**

La réflexion peut être élargie aux pratiques publicitaires dont la mise en lien entre les études de motivation qui mettent en jeu la pratique de l'écoute des clients potentiels et l'argumentation qui en résulte.

### PRÉPARATION DES CAS

Dans les cas où les participants peuvent se référer à des pratiques professionnelles de la vente, l'animateur leur fait rédiger eux-mêmes les fiches de renseignements en sous-groupes. Dans cette situation les participants jouent les situations produites par d'autres sous-groupes. La rédaction de ces fiches est déjà un travail de sensibilisation à la nécessité de l'écoute dans l'entretien de vente dans la mesure où elle oblige à poser comme postulat de départ le fait que les clients sont différents.

Avec un public de non-vendeurs, les participants ont aussi la possibilité de construire les cas en se fondant sur des produits ou services faciles à décrire dans leur variété.

**JEUX DE RÔLE**

Si l'animateur dispose de deux salles de formation, équipées en audiovisuel il duplique l'exercice. Il se limite à un ou deux cas selon l'effectif du groupe. Il fait jouer les mêmes situations d'entretien dans les deux salles.

Au terme des entretiens, le groupe au complet regarde les deux enregistrements et l'animateur exploite les éléments de comparaison autour de l'écoute et de l'argumentation.

| | |
|---|---|
| **Objectifs** | Savoir introduire un exposé en montrant au public qu'on est à son écoute. Susciter ainsi chez le public une meilleure qualité d'écoute. |
| **Matériel** | Aides visuelles. Magnétoscope. |
| **Durée** | 3 heures. |
| **Déroulement** | Le formateur propose à chaque participant de concevoir un projet d'exposé. |

De quoi vais-je parler ? Quel est mon public ? Quels sont les objectifs que je vise ? Comment atteindre mes objectifs ? Comment toucher mon public ?
Les participants résument par écrit en une dizaine de lignes leur projet d'exposé.

Chaque futur exposant fait ensuite un sondage auprès d'un échantillon du public pour évaluer son niveau de connaissance du sujet envisagé, son niveau de langage dans ce domaine, son niveau d'intérêt pour ce problème.

Chacun conçoit son introduction de façon interactive :
1. Que vais-je faire avant de parler ?
Regarder le public montre que l'exposant s'intéresse à lui. Le regard permet aussi en permanence de se faire une idée sur sa qualité d'écoute.
2. Que vais-je dire avant de commencer ?
Après avoir salué le public, l'exposant ne peut-il pas lui demander s'il est bien installé, s'il voit, s'il entend ? À travers ces questions et les réponses (« le retour »), une première écoute est manifestée.
3. Quel intérêt le public trouve t-il à écouter mon exposé ?
En posant une ou plusieurs questions fermées, l'exposant vérifie auprès du public qu'il a une bonne estimation de son niveau et de son attente. Il manifeste ainsi l'attention qu'il porte à son public. En tenant compte des réponses que celui-ci donne, l'exposant montre du tac au tac sa capacité d'écoute.
L'exposant annonce alors au public ce qu'il lui propose : une méthode utile pour lui, un nouveau témoignage sur un problème d'actualité, l'explication clarifiante

d'un spécialiste sur un sujet difficile qui le concerne, la découverte d'une chose inconnue...

4. Comment vais-je accrocher le public ?

Un fait, un chiffre, un récit ou une image produisent en peu de temps un effet percutant et favorisent une écoute attentive. L'effet est créé par la parole, mais aussi par le geste, par quelques signes rapidement tracés sur un support, par la projection d'un document, par la présentation d'un objet... La perception d'éléments visuels bien choisis et travaillés renforce utilement l'écoute du discours.

**Commentaires**

Le souci d'écoute du public manifesté au début de l'exposé incite l'auditoire à lui-même se mettre à l'écoute. La pratique systématique de la « rétroaction* » (le « feed-back ») dans une communication est une conception relativement récente. Elle est à la fois efficace et peu naturelle, d'où l'utilité de s'y entraîner.

Ce travail peut être effectué lors de différentes phases de l'exposé. Les participants sont ainsi entraînés à pratiquer le contrôle de l'écoute du public par le regard et par des questions lors du déroulement de l'exposé (« suis-je assez clair? », « dois-je aller plus lentement ? », « voulez-vous un autre exemple ? ») et à la fin de l'exposé (« j'attends vos questions », « vos commentaires »...). Avec une telle attitude, l'orateur change de « ton »* tout naturellement et ne sombre donc pas avec son auditoire dans la monotonie.

Si le public intervient trop souvent l'exposé reste parfois inachevé, un débat involontaire étant venu l'interrompre. Une règle pour limiter ce risque : seules les questions portant sur la compréhension de l'exposé sont acceptées et l'expression des avis et commentaires est reportée à la fin de l'exposé. La « redondance » pratiquée par l'orateur aide également l'auditoire à rester à l'écoute en ne perdant pas le fil de l'exposé. En alternant « redondance » et « interaction », accompagnement du processus continu de compréhension et création de ruptures surprenantes, l'orateur facilite l'écoute de son auditoire.

*Voir le lexique « Approche systémique » dans le Livret du Formateur et le lexique de la fiche « La voix qui touche » n° 7.

**Objectifs**

Faire prendre conscience au groupe que dans les réponses que l'on donne comme dans celles que l'on écoute, il existe des caractéristiques précises observables.

Cette typologie est au fond connue des uns et des autres, sans qu'elle soit formalisée. C'est pourquoi il est proposé dans l'exercice de la faire établir par le groupe. La formaliser permet d'y être sensible par la suite : l'utiliser dans certaines des fiches suivantes, faire des observations dans la vie quotidienne, dans des interviews ou débats à la télévision...

Cette typologie est différente des autres qui sont présentées dans le livre (Porter - Fiches 38 et 39).

**Matériel**

Papier / crayon.

**Durée**

De 10 à 15 minutes.

**Déroulement**

Avec un démarrage au choix en grand groupe (ou d'abord, en petits groupes avec une mise en commun après en grand groupe), l'animateur fait appel aux idées des participants. Il lance la recherche d'idées en disant, par exemple : « Vous écoutez souvent des réponses. Peut-on rechercher des adjectifs qualificatifs qui peuvent décrire ces réponses ? » Elles sont par exemple :

| PLUTÔT | OU | PLUTÔT |
|--------|-----|--------|
| – . . . . . . . . . . . | | – . . . . . . . . . . . |
| – . . . . . . . . . . . | | – . . . . . . . . . . . |
| – . . . . . . . . . . . | | – . . . . . . . . . . . |
| – . . . . . . . . . . . | | – . . . . . . . . . . . |
| – . . . . . . . . . . . | | – . . . . . . . . . . . |

La grille d'analyse sert à comparer une réponse par rapport à l'idéal que chacun porte en soi sur ce que serait une « réponse ». Ce qui fait dire « Oui, il a répondu à la question posée. J'ai vraiment reçu une réponse. »

Il teste la grille d'analyse, tout de suite après l'avoir établie en utilisant les fiches suivantes (30-31)

**Commentaires**

### SYNTHÈSE

Les apports du groupe et de l'animateur peuvent aboutir à une grille d'analyse du type suivant.

| PLUTÔT BRÈVES | OU | PLUTÔT LONGUES |
|---|---|---|
| – . . . . . . . . . . . . . | | – . . . . . . . . . . . . |
| – . . . . . . . . . . . . . | | – . . . . . . . . . . . . |
| – . . . . . . . . . . . . . | | – . . . . . . . . . . . . |
| – . . . . . . . . . . . . . | | – . . . . . . . . . . . . |

**Une typologie des réponses est proposée
dans le Livret du Formateur p. 255**

**Variantes**

Si l'animateur le préfère, en fonction du temps disponible et du niveau du groupe, il peut distribuer lui-même au départ des exemplaires de cette grille d'analyse. Il fait alors juste relire les termes pour vérifier qu'ils sont bien compris, tout en invitant à enrichir la grille si des membres du groupe imaginent d'autres caractéristiques observables dans les réponses. Il nous paraît toujours important que le groupe se sente créateur de ses propres outils et d'indiquer par là même que la science humaine est une matière toujours ouverte à la contribution de chacun.

Que la grille soit créée avec le groupe ou fournie par l'animateur, elle peut servir dans toute situation pour auto-analyser ses réponses ou aussi les préparer.

**Objectifs**

Préparer en quelques secondes sa réponse, pour se mettre à l'aise et trouver contenu, sincérité et assurance dans celle-ci.
S'entraîner à répondre aux questions avec une réflexion préalable.

**Matériel**

Aucun.

**Durée**

De 10 à 15 minutes.

**Déroulement**

Une personne passe devant le groupe pour être interviewée autour de quatre à cinq questions. L'animateur

128

lui demande d'appliquer une méthode précise pour chacune de ses réponses. La question étant posée, avant de formuler à haute voix sa réponse, elle parcourt mentalement, en quelques secondes, les étapes suivantes :
- la réponse intérieure à soi-même avant la réponse aux autres : elle identifie la réponse intérieure immédiate qui émerge en elle ;
- le filtre : elle se demande si elle peut la formuler telle quelle au groupe. S'il y a lieu elle modifie certains termes ;
- la réponse aux autres : elle dit sa réponse au groupe.

En cours d'exercice, si la personne a du mal à appliquer la méthode, ou à la fin du bref interview, l'animateur invite la personne et le groupe à faire leurs observations :
- cette méthode est-elle utile ? En quoi ? Inutile ? Pourquoi ?
- Entraîne-t-elle une manière de répondre différente sur le fond ? Sur la forme (ton de voix, assurance) ?
- Est-ce facile ?
- Le temps de réflexion avant de répondre paraît-il acceptable par l'auditoire ?

**Commentaires**

Cette méthode est particulièrement utile :
- pour les personnes gênées devant un groupe ;
- pour les personnes qui hésitent ;
- pour les personnes qui cherchent à tout prix « la » bonne réponse et qui souvent ne la trouvent pas ;
- pour les personnes soumises à des questions indiscrètes, délicates, provocantes.

**Variante**

En appliquant cette méthode, si les personnes ne trouvent pas la bonne réponse, elles trouvent souvent la réponse « vraie », sincère, en adéquation avec ce qu'elles sont. Cette méthode donne de l'assurance et de la consistance à leurs paroles, et ceci, que la personne exprime sa réponse intérieure telle quelle ou non. En effet, la réponse intérieure est d'abord soumise au jugement intérieur. Elle est dédramatisée dans un premier temps du jugement de l'extérieur.

Cet exercice suffit comme démonstration, chacun pouvant l'expérimenter à l'extérieur.

Cependant si l'animateur et / ou le groupe le souhaitent, il peut être proposé en sous-groupes de 5 à 8 personnes, chacun étant interviewé à tour de rôle. Un bilan collectif est fait à l'issue de ce travail

| | |
| --- | --- |
| **Objectifs** | S'interroger sur ce qui pourrait nous être difficile en écoutant une question issue d'une personne, d'un groupe, lorsque l'on doit répondre |
| **Matériel** | Aucun. |
| **Durée** | De 20 à 30 minutes. |
| **Déroulement** | L'animateur interroge le groupe, en faisant deux colonnes au tableau : |

PROBLÈMES POSSIBLES     SOLUTIONS POSSIBLES

Il liste dans un premier temps dans la 1$^{re}$ colonne (PROBLÈMES) toutes les situations que tel ou tel membre du groupe peut vivre comme délicate ou difficile.

EXEMPLES

| PROBLEMES POSSIBLES | SOLUTIONS POSSIBLES |
| --- | --- |
| 1. Je ne sais pas | ................................... |
| 2. Je ne connais pas la réponse | ................................... |
| 3. Je ne veux pas répondre | ................................... |
| 4. Je ne comprends pas la question | ................................... |
| 5. J'hésite dans le choix de ma réponse | ................................... |
| 6. Je suis agressé (provoqué, insulté...) par la question | ................................... |
| 7. Je suis pris dans une ou des réponses contradictoires | ................................... |
| 8. Je crains de donner une image défavorable de moi si je réponds sincèrement | ................................... |

**Variante**

L'animateur propose alors au groupe de réfléchir, pour chaque question, à différents comportements possibles qui aident à construire rapidement sa réponse. Il peut passer directement aux deux fiches suivantes (n° 32 et 33) qui forment une continuité avec celle-ci par une mise en pratique des solutions possibles.

L'animateur fournit au groupe une liste type comme celle ci-dessus où la 1ʳᵉ colonne recense déjà les différents problèmes les plus fréquents. Il invite alors le groupe à imaginer les solutions possibles qu'il liste, en face, dans la 2ᵉ colonne.

| | |
|---|---|
| **Objectif** | Améliorer ses capacités à écouter en public un interlocuteur pour riposter et convaincre le public. |
| **Matériel** | Éventuellement, caméra et magnétoscope. |
| **Durée** | 40 minutes (si l'on enregistre, prévoir 60 minutes). |
| **Déroulement** | Deux petits groupes de personnes s'affrontent devant un public (deux à trois personnes par groupe). |

Pour choisir un sujet de débat, l'animateur liste un ensemble de thèmes proposés par les participants. L'actualité fournit souvent d'excellents sujets. Une fois le sujet choisi, deux sous-groupes d'égale importance en nombre se préparent à défendre deux points de vue opposés (il ne s'agit pas nécessairement de livrer ses plus intimes convictions, mais de se faire résolument l'avocat d'un point de vue).

Une partie du groupe – au moins une personne – constitue le public de ce débat. Les membres de celui-ci notent en quelques mots leur opinion personnelle avant le débat. Le but des autres participants est donc d'essayer de faire évoluer cette opinion.

Chaque sous-groupe d'orateurs dispose d'une dizaine de minutes pour préparer ses arguments, pour anticiper les arguments des autres et leur trouver des répliques. L'animateur veille à ce que l'agressivité des interlocuteurs soit tournée vers les discours et non vers les personnes. Il nomme un arbitre. Lorsque le débat devient inaudible, l'arbitre l'interrompt un instant. Pendant le débat, le public prend des notes sur ce qui le touche, positivement ou négativement. Le débat est éventuellement filmé.

Chacun des groupes s'efforce de ne rien laisser passer de ce que les membres de l'autre groupe disent, sans répliquer.

À la fin du débat, le public donne son avis sur le groupe qui s'est montré le plus convaincant par sa façon de prendre en compte et de retourner les arguments adverses. À quels arguments, à quels orateurs a-t-il été sensible et pourquoi ? Si le débat a été filmé, on analyse les interactions à l'image après avoir entendu le public.

**Commentaires**

C'est un « jeu à somme nulle »*. Ce type de jeu est lié à des types d'écoute adaptés : recherche des points faibles chez l'interlocuteur et recherche en soi-même des idées qui permettent de s'imposer.

**Variantes**

Si l'animateur constate que la vivacité des participants est telle que le débat est immédiatement inaudible, il propose aux équipes un débat en deux ou trois manches. Pour chacune d'elles un orateur unique représente le groupe. Si ces modalités sont encore insuffisantes, il demande à l'arbitre de donner la parole tour à tour aux deux sous-groupes, en équilibrant les temps de parole.

L'animateur fragmente le groupe plénier en constituant des groupes de trois. Deux personnes s'affrontent et la troisième les observe. Cette variante peut être plus éprouvante pour les individus qui sont soumis chacun personnellement aux attaques d'un interlocuteur.

*Voir lexique et document « Écoute et approche systémique » dans le Livret du Formateur.

**Objectif**

Rire d'une écoute tournée vers la domination du partenaire.

**Matériel**

Aucun.

**Durée**

45 minutes.

**Déroulement**

Le formateur propose d'improviser un ensemble de scènes de dispute par groupes de deux. L'exercice peut entraîner une grande vivacité dans les échanges : expression d'agressivité, sentiment de colère, etc. Il est de ce fait préférable de présenter l'improvisation comme un jeu théâtral où les actions sont de pures fictions. Il est possible ainsi d'imaginer différentes scènes de couples : entre collègues, entre époux, entre supérieur et subordonné, entre parent et enfant, entre amis, entre frère et sœur...

Le groupe soumet trois thèmes à chaque couple qui se présente sur l'espace de jeu. Le couple dispose de quelques dizaines de secondes pour choisir un thème. Voici quelques exemples de thèmes : une personne attend un retardataire qui arrive avec une excuse discutable, les membres d'un couple s'affrontent au sujet du programme de leurs futures vacances, deux collègues sont en désaccord concernant l'aménagement de leur bureau.

Les participants, volontaires de préférence, choisissent un partenaire. Une partie du groupe peut rester uniquement spectatrice. Il est cependant souhaitable que chacun tour à tour se prête au jeu.

En répliquant, chacun tente de prendre le dessus. L'idée est d'essayer d'avoir le dernier mot. On veut avoir raison. On questionne l'autre, on l'interrompt, on juge son opinion, on s'en moque, on catalogue, on intimide. Dans ce jeu, on est à l'écoute de ce que dit l'autre pour essayer de le déstabiliser.

Plusieurs escalades rapides se succèdent. Après une à deux minutes de jeu – en touchant peut-être le grotesque, le burlesque, le dérisoire – les partenaires laissent déraper le dialogue et amplifier leur désaccord pour tenter d'en rire tous les deux et avec le public. Si les partenaires ne trouvent pas par eux-mêmes une chute et si l'animateur estime que la scène s'essouffle, il leur demande de clore l'improvisation dans les trente secondes. Le formateur applaudit lorsque le temps est terminé.

Le rire commun est donc l'objectif final, la façon recherchée de clore la joute. Dans ce « jeu à somme non nulle », les joueurs sont tous deux gagnants.

Avant d'improviser une scène, chacun se prépare de son côté brièvement pour se concentrer sur sa détermination, affirmer sa position.

**Commentaires**

L'« escalade symétrique »* devient une façon d'être à deux. Il s'agit d'un conflit « coopératif *», selon les termes de WATZLAWICK*. Le rire alors conclut certaines escalades et a un effet stabilisateur, apaisant.

Dans un couple, une dispute peut être un vif affrontement, susceptible d'impressionner des témoins et même de leur faire croire à une rupture imminente. Elle n'est pourtant pas, en général, un prélude au divorce. Il convient donc ici de trouver le ton des scènes jouées : ni trop conciliant, ni trop agressif.

*Voir lexique et document « Écoute et approche systémique » dans le Livret du Formateur.

| Objectif | Analyse d'une tactique d'écoute tournée vers la domination du partenaire. |
|---|---|
| **Matériel** | Dialogue photocopié (un exemplaire par participant). |
| **Durée** | 45 minutes. |
| **Déroulement** | Avant de simuler des situations de joute avec les participants, l'animateur propose de travailler sur des textes ou des enregistrements présentant des cas d'« escalade symétrique » réels ou fictifs. On peut ainsi commenter des escalades extraites de textes de théâtre telles que « Peines d'amour perdues » de Shakespeare ou « Qui a peur de Virginia Woolf ? » d'Edward Albee (pièce citée et analysée dans l'ouvrage « Une logique de la Communication »). |

À partir de photocopies ou d'enregistrement d'extraits de pièces l'animateur fait analyser les mécanismes de l'escalade.

Dans « Peines d'amour perdues », rusés, galants et fines mouches se livrent à une suite de joutes telles que celle-ci :

BIRON (à Rosaline) – N'ai-je pas dansé avec vous une fois en Brabant ?

ROSALINE – N'ai-je pas dansé avec vous une fois en Brabant ?

BIRON – Je suis sûr que oui.

ROSALINE – Combien il était inutile alors de faire la question !

BIRON – Vous le prenez trop vivement.

ROSALINE – C'est votre faute. Vous me provoquez avec de telles questions !

BIRON – Votre esprit a trop de fougue ; il court trop vite : il se fatiguera.

ROSALINE – Pas avant d'avoir jeté le cavalier dans la boue.

BIRON – Quelle heure est-il ?

ROSALINE – L'heure où les sots la demandent...

BIRON – Le ciel vous envoie beaucoup d'amants !

ROSALINE – Amen ! pourvu que vous n'en soyez pas un !

BIRON – Aucun danger, je me retire.

**Commentaires**

Les partenaires évitent ici de prêter l'oreille aux besoins de l'autre. Rosaline n'accepte pas de laisser libre cours au désir conquérant de Biron. Biron n'accepte pas d'entendre que Rosaline pourrait avoir autant d'esprit – peut-être même plus – que lui. L'écoute des partenaires est alors focalisée sur la recherche d'occasions de prendre l'ascendant sur l'autre.

L'« escalade symétrique » est une notion définie par Paul WATZLAWICK* dans « *Une logique de la Communication* ». Au sein d'un couple aucun n'accepte de se laisser dépasser, la surenchère règne : la moindre avancée de l'un déclenche la réaction de l'autre pour affirmer son égalité.

La pièce « *Peines d'amour perdues* » montre que Rosaline et Biron ont un véritable attrait l'un pour l'autre. Ils se rencontreront à plusieurs reprises et finiront par se parler cœur à cœur. L'un comme l'autre veut cependant dominer et avoir le dernier mot. Dans la brève escalade citée, Rosaline se moque de la tactique de séduction déployée par Biron. Celui-ci ne peut rester sans répartir ; Il réplique en tentant de montrer qu'il peut égaler Rosaline sur son terrain : « Votre esprit a trop de fougue ; il court trop vite : il se fatiguera ». Biron relance ainsi la joute mais se fait moucher. Il fait alors mine d'adopter un profil bas pour prolonger l'entretien galant « Quelle heure est-il ? ». Mais Rosaline n'est pas dupe et l'éconduit vertement. Il ne reste alors à Biron qu'à battre en retraite provisoirement, tout en voilant habilement sa fuite derrière quelques mots d'esprit !

**Variantes**

Après avoir analysé la scène de Shakespeare, l'animateur propose au groupe d'improviser sur le thème des relations amoureuses.

Une autre piste de travail est inspirée par le couple de la pièce « *Qui a peur de Virginia Woolf ?* » d'Edward Albee. Une femme apparemment « forte » y attaque frontalement son partenaire ; l'époux « faible » joue la passivité irritante, se livre à des contre-attaques ambiguës, retourne la force contre son épouse apparemment « forte ». Une répartition des rôles se fait ainsi en improvisation : l'un des participants joue l'apparemment « fort » et l'autre l'apparemment « faible ».

*Voir lexique et document « Écoute et approche systémique » dans le Livret du Formateur.

# ÉCOUTER : COMMENT ?

# MANIÈRES D'ÉCOUTER
# ET EFFETS SUR L'INTERLOCUTEUR

**Objectifs**

Réfléchir à ce qui fait dire à quelqu'un qu'il se sent écouté : être conscient des signes concrets par lesquels l'écoute est souvent manifestée et perçue par autrui.

**Durée**

De 10 à 15 minutes.

**Matériel**

Aucun.

**Déroulement**

Les participants se divisent en groupes de deux ou de quatre (souvent il est proposé de le faire avec les voisins immédiats, pour éviter les déplacements). Pour éviter aussi l'hésitation et la perte de temps dans le choix du voisin, l'animateur lui-même désigne les groupes de deux ou quatre successifs, en tournant du début à la fin des places de chacun. Il donne les consignes du type suivant :

« Il s'agit d'un remue-méninges avec écriture des réponses immédiates de chaque sous-groupe de deux à quatre personnes. Les réponses seront lues à haute voix.
Ici aussi la question de départ est posée sous trois formes équivalentes entre lesquelles chacun choisit celle qu'il préfère pour chercher ses réponses.
Exemple : Je vous propose d'explorer toutes les réponses qui vous viennent à l'esprit en réponse à une question que je vous exprime sous trois formes :
Quels sont les signes fréquents de l'écoute ?
Comment est-ce que je sais que l'autre m'écoute ?
Comment l'autre sait-il que je l'écoute ?
Vous pouvez choisir la forme qui vous convient le mieux, il s'agit de la même chose dans les trois questions :
Qu'est-ce qui fait dire que quelqu'un est écouté ? »

Lorsque l'animateur constate que près de la moitié du groupe semble avoir fini, il propose (sans noter nécessairement tous les mots aux tableau), que chaque groupe à tour de rôle lise à haute voix sa liste (à un rythme assez rapide). Mais il demande aussi que tous écoutent chacun des mots afin de cocher sur leur propre liste les mots déjà dits et de n'ajouter lorsque leur tour arrive que les autres mots non encore dits.

L'intérêt de ce temps de réflexion est de se poser la question de l'écoute telle qu'elle est perçue fréquemment par quelqu'un d'extérieur ou par la personne qui parle. Les réponses sont rassemblées dans des catégories.

Exemples
1. **Des signes corporels :** Le regard centré sur l'autre, la posture dans la direction de l'autre, les hochements de tête et les acquiescements, les mimiques en relation avec ce qui est dit, le corps non occupé à faire autre chose (chercher un objet, consulter son portable, regarder l'heure...) ;
2. **Des mots d'écoute :** « Oui... Bon... Ah oui... Je comprends... C'est ça... »
3. **Des sons d'écoute :** « Ha !... Hum !... »
4. **Des écrits par la prise de notes**[1] **:** La prise de notes de ce qui est dit (lorsqu'elle est attentive et non perçue comme critique jugeant ce qui est dit). Exemple : Lorsque la prise de notes est précédée par une phrase explicative du type « Si vous voulez bien je vais noter ce que vous dites pour bien le garder en mémoire ») ;
5. **Des questions, en relation avec ce qui est dit ;**
6. **La reformulation de ce qui est dit ;**
7. **La réponse, en liaison directe avec ce qui a été dit ;**
Etc.

La conclusion est que la personne qui parle a besoin de signes pour se sentir écoutée et continuer à parler. Sans signes de réception, elle n'a le plus souvent pas envie de parler : il n'y pas de courant qui passe. L'écoute n'est donc pas seulement quelque chose de « passif », comme on le croit souvent, mais une chose active selon laquelle l'activité de l'écoutant qui donne ses signes permet la parole de l'autre et l'échange. Sans signes, on a le sentiment de parler

---

1. Voir *La prise de notes intelligente*, J. et R. SIMONET, Éditions d'Organisation, coll. Poche.

« dans le vide ». Ainsi, par exemple, au téléphone, quand après avoir parlé un temps on entend le silence seul au bout du fil, on dit « Allo…Allo… Tu es toujours là ? ». Sans signe de présence écoutante, la parole peut s'arrêter.

**Commentaires**

Cette entrée en matière d'écoute, très simple, est une bonne introduction à la compréhension ultérieure plus intime des effets qu'ont les signes d'une écoute authentique sur le déroulement des échanges et sur le plaisir qu'éprouve la personne qui se sent sincèrement écoutée, lorsque cela est manifesté.
Sans signe d'écoute on ne sait pas vraiment si on est écouté.

**Variantes**

La fiche suivante, sans être une variante du même exercice, a un peu la même fonction et complète utilement celle-ci en mettant en actes par une démonstration concrète différents types d'écoutes.

| **Objectifs** | Prendre conscience du fait que l'écoutant, même dans le silence, peut influencer la parole de l'écoute par ce qu'il est dans son corps c'est-à-dire son comportement (comment il « se porte » avec l'autre). |
| | Découvrir et classer des types d'écoutes, afin de se repérer et mieux choisir ses manières d'écouter en situation (ou, tout au moins avoir conscience de sa propre influence sur celui qui parle). |
| **Matériel** | Aucun. |
| **Durée** | De 15 à 20 minutes. |
| **Déroulement** | L'animateur joue lui-même le rôle d'écoutant devant le groupe. Il interviewe une personne prise dans l'auditoire sur un thème où il est sûr qu'elle peut avoir beaucoup de choses à dire (par exemple : son itinéraire professionnel, la description de son métier, ses vacances, un pays qu'elle connaît avec ses ressemblances et différences avec la France...), ou tout autre thème qui intéresse le groupe et sur lequel une personne est prête à parler 3 à 4 minutes. |
| | L'animateur va écouter de quatre manières différentes et propose qu'on le regarde dans ces différentes manières d'écouter pendant l'entretien. Il s'arrête entre chaque type d'écoute pour permettre au groupe d'en noter les caractéristiques. |
| | « Vous notez sur une feuille : 1..., 2..., 3..., 4... J'arrêterai à la fin de chaque type d'écoute qui durera environ une minute, pour que vous notiez en 1 si vous observez des choses caractéristiques de cette écoute, en 2 idem... Je reprendrai l'interview à chaque fois avec un autre type d'écoute. Puis nous mettrons en commun nos observations successives sur chaque écoute. Nous nous poserons trois questions : |
| | 1. Avons-nous observé des différences entre ces types d'écoute ? Lesquelles ? |
| | 2. En quoi peuvent-elles influencer l'interlocuteur ? |
| | 3. Y en a-t-il que je préfère ? Y en a-t-il que je n'aime pas ? Lesquelles ? » |

L'animateur fait lui-même la démonstration. Il pose une question très ouverte sur le thème décidé avec la personne interviewée en face de lui (celle-ci reste assise dans le groupe à sa place).

L'animateur demander que l'on regarde bien, au cours de ces quatre minutes, la personne qui écoute (lui-même) et non la personne qui parle (ce que l'on a tendance à faire habituellement).

Voici, par exemple, quatre types d'écoutes alternées :

### 1. L'ÉCOUTE ACTIVE BIENVEILLANTE

Avec le regard centré sur l'autre, mimiques et signes d'acquiescement marquant l'« enregistrement » ou la « bonne réception » du message. Elle peut être accompagnée de « oui », de reformulations de ce qui a été dit, etc.

**Environ 1 minute : Notes et observations concernant l'écoute 1.**

### 2. L'ÉCOUTE PRÉOCCUPÉE, DISTRAITE

L'animateur réinvite avec bienveillance à développer la suite ou quelques thèmes évoqués, non développés en 1. Il choisit toujours des questions très ouvertes sur lesquelles la personne a beaucoup de choses à dire. À partir d'une écoute attentive et bienveillante de quelques secondes au départ, l'animateur est distrait : il regarde par la fenêtre, scrute le ciel, cherche dans ses poches, prend un agenda pour le consulter, plonge son regard dans une autre direction et fronce les sourcils comme s'il était préoccupé par autre chose. Ceci, tout en lançant de temps en temps un coup d'œil bienveillant à la personne qui parle comme s'il l'invitait à continuer alors qu'il est irrésistiblement attiré quelques secondes après vers une préoccupation autre (comme décrit ci-dessus), sur laquelle il se concentre, sans faire attention à la personne qui parle. Il arrive même parfois que celle-ci s'arrête assez vite spontanément ne supportant pas d'avoir l'impression d'être niée et non écoutée.

Ce qui montre bien l'effet du corps de l'écoutant sur la personne parlant, même si l'écoutant ne dit pas un mot. La personne qui parle le sent ailleurs et, souvent, n'a plus envie de parler.

**Environ 30 secondes : Notes des observations concernant l'écoute 2**

**3. L' ÉCOUTE RÉACTIVE**

L'animateur réinvite avec bienveillance à développer la suite ou quelques thèmes évoqués non développés jusque-là. Il s'intéresse beaucoup à ce qui est dit et passe de l'écoute bienveillante à l'écoute réactive, c'est-à-dire qu'il réagit spontanément avec ses sentiments en amplifiant corporellement beaucoup ceux-ci pour les rendre bien visibles. Par exemple, ce qui est dit, sans que l'écoutant ait à parler, peut :

- l'étonner (sourcils froncés, front relevé) ;
- l'attrister (émotion intérieure de gravité, tristesse) ;
- le rendre incrédule ;
- susciter une forte approbation ou désapprobation ;
- le mettre en colère ;
- lui faire très plaisir ;
- le faire rire ;
- etc.

Même si l'animateur amplifie sa réaction émotionnelle, il est essentiel que celle-ci soit authentique et corresponde à une information donnée par la personne qui parle.

Ces sentiments peuvent être divers, parfois même contradictoires (passage de l'étonnement à la désapprobation puis à l'approbation et au rire, comme dans la vie quotidienne) et se modifier d'une seconde à l'autre en fonction de ce qui est dit.

**Environ 1 minute et demie : Notes des observations concernant l'écoute 3.**

## 4. L'ÉCOUTE IMPASSIBLE

L'animateur réinvite avec bienveillance à développer la suite ou quelques thèmes évoqués non développés jusque-là. Il va dans les secondes qui suivent « demeurer de marbre », avec une fixité absolue, regardant en continu la personne qui parle, sans bouger, sans lui donner AUCUN SIGNE autre que son regard centré sur lui, son visage restant absolument impassible, d'une neutralité absolue. Il peut entrouvrir les lèvres et se concentrer sur sa respiration, ce qui facilite ce type d'écoute (attitude fréquente d'un magistrat, d'un policier, au cours d'un interrogatoire ou plus simplement chaque fois qu'une personne écoute sans réagir). Elle ne fait que recevoir le message sans montrer en quoi que ce soit qu'elle l'a bien reçu. Elle ne reflète rien de ce qu'elle sent ni si elle a compris ou pas. Elle reçoit sans accuser réception de ce qu'elle a reçu. Souvent donc la personne qui parle ignore, faute de signes, ce que l'autre en pense ni même si elle a bien entendu tous les éléments du discours.

**Environ 1 minute : Notes des observations sur l'écoute 4.**

L'animateur passe à l'analyse de ce qui a été observé. Il invite à dire ce qui a été noté après chaque type d'écoute, si toutefois, des spécificités ont été observées.
Il réagit aux observations successives des écoutes en dégageant les ressemblances et les différences qui émergent éventuellement dans le groupe. Lorsque l'animateur a pu clairement varier ses types d'écoutes, les observations recoupent en général ce qui est décrit ci-dessus.

Il conclut par la question suivante : « Y a-t-il certains types d'écoutes que vous préférez, d'autres que vous rejetez ou n'aimez pas ? »

Il fait analyser les raisons évoquées des choix énoncés.

**REPÉRER LES EFFETS DE L'ÉCOUTE
SUR L'INTERLOCUTEUR**

N° 36$_5$

**Commentaires**

L'animateur met en relief :

1. **L'importance de donner des signes d'écoute** si l'on veut mettre l'autre à l'aise, lui donner envie de parler et recevoir soi-même des informations ;

2. **La présentation de l'écoute comme « activité »** et non comme quelque chose de passif ;

3. **La comparaison des écoutes 1** (active bienveillante) **et 3** (réactive) **et leur influence.**

À ce titre il fait remarquer que la réaction spontanée non verbale de l'écoute 3 est quotidienne, fréquente et souvent agréable pour la personne qui parle. Cette dernière a du « répondant », voit et ressent à travers mimiques et gestes de la personne qui écoute, ce que celle-ci pense de ce qui est dit. Mais cette écoute réactive influence seconde à seconde, ses propos qui évoluent en fonction de ce qui est exprimé en face (étonnement, approbation, désapprobation...). La personne modifie son discours parfois involontairement pour réduire la désapprobation, plaire, éviter une réaction négative,... Or, si l'on veut une information fiable, il est recommandé d'avoir une écoute non évaluative mais compréhensive, c'est-à-dire l'écoute 1 (souvent préférée par la majorité des groupes). C'est ce à quoi le groupe va s'entraîner dans la fiche suivante.

| | |
|---|---|
| **Objectifs** | Permettre aux participants de situer l'écoute « compréhensive » parmi les autres attitudes possibles dans les relations interpersonnelles.<br>Introduire les « attitudes de Porter », support pédagogique utilisé dans d'autres exercices.<br>Voir « Les attitudes de Porter » dans le Livret du Formateur. |
| **Matériel** | Un tableau. |
| **Durée** | Une heure environ, ce temps incluant l'apport pédagogique sur les attitudes. |
| **Déroulement** | **1ʳᵉ phase**<br><br>L'animateur introduit la séance en rappelant que face à des propos énoncés par une autre personne et qui attendent une réponse, plusieurs possibilités s'offrent à l'interlocuteur. En général, ce dernier s'exprime spontanément, sans « calculer » l'incidence de ses propos sur la relation d'échange. Or selon ce que cette réponse laisse entendre de son attitude, les retombées sont différentes.<br>Cette introduction à l'exercice se limite à ces propos généraux pour éviter que la suite de l'exercice ne soit faussée.<br><br>**2ᵉ phase**<br><br>L'animateur propose un énoncé représentant des propos banals de la vie quotidienne des participants. Cet énoncé varie selon les groupes (étudiants ou personnes en formation continue, dans leur milieu de travail...).<br><br>À titre d'illustration nous proposons :<br>– « J'ai mal au crâne aujourd'hui » ;<br>– « Je ne sais pas ce que je vais faire pendant les prochaines vacances » ;<br>– « Je me demande comment organiser mon boulot pour le faire tenir dans les 35 heures » ;<br>– « Je me demande si j'ai intérêt à faire un 3ᵉ cycle ou à bosser directement après la maîtrise »<br>Etc. |

Il demande ensuite aux participants de produire le plus de réponses possible à cet énoncé, spontanément, sans commentaire. Soit il recueille les propositions en faisant un tour de table, soit il laisse la parole circuler librement.
Il inscrit toutes ces réponses sur le tableau.

**3ᵉ phase**

L'animateur invite le groupe à travailler sur les réponses autour des axes suivants :
– regroupements des réponses qui « se ressemblent » ;
– identification de « ce que » cela traduit de la part des énonciateurs (le terme d'attitude à ce stade n'est pas encore utilisé) ;
– évocation des réactions que chaque type d'énoncé peut susciter.

**4ᵉ phase**

L'animateur introduit alors l'information sur les « attitudes de Porter » en distribuant un document recensant les différentes attitudes, illustrées par des exemples.
Il propose alors d'identifier les attitudes exprimées par les réponses recensées à la 3ᵉ phase.

**5ᵉ phase**

À des fins de vérification, il soumet un énoncé autre que le premier et demande aux participants de produire des réponses relevant de chacune des attitudes.

**Commentaires**

Cette introduction aux « attitudes de Porter » est fondamentale pour la suite du travail sur l'écoute. L'animateur doit être attentif à bien différencier les attitudes d'« écoute empathique » et d'« interprétation ». C'est souvent là que résident les malentendus.

Certains participants risquent de se polariser sur l'idée qu'il faut toujours être en attitude d'écoute et que dans certains cas « cela n'est pas utile ».

L'animateur veille ici à se centrer sur le repérage des attitudes et non sur le bien-fondé de telle ou telle attitude.

**Variante**

Si le groupe est important, le formateur anime différemment la 5ᵉ phase.

Il propose un premier temps en sous-groupes au sein desquels les réponses sont produites. Il demande aux participants de noter leurs questions et leurs désaccords avec certaines réponses.

Dans un deuxième temps, il sollicite le représentant de chaque sous-groupe de rendre compte du travail de celui-ci. L'ensemble du groupe se prononce alors sur les résultats de ces travaux.

**Objectif**

Entraîner les participants au repérage des attitudes (voir « Les attitudes de Porter »dans le Livret du Formateur).

**Durée**

Environ une heure. Selon le nombre de cas proposés, la séquence est plus ou moins longue.

**Matériel**

Un ensemble de cas proposant un énoncé et six réponses possibles, celles-ci mettant en jeu l'ensemble des attitudes présentées lors de l'exercice n°37. Les réponses peuvent combiner plusieurs attitudes conciliables (écoute et enquête, évaluation et décision, évaluation et interprétation, écoute et soutien...).

Ces cas sont, soit empruntés à ceux qui sont soumis par Porter, soit créés par l'animateur en lien avec les situations vécues par les participants.

**Déroulement**

L'animateur distribue aux participants les cas (de 4 à 6) qu'il a sélectionnés en fonction de son public.

À titre d'exemple nous proposons un cas qui est adapté à tout public.

**Enoncé**

Un collègue et ami vient vous voir et vous dit : « Je ne sais pas quoi faire ; j'ai vraiment envie de faire ma place dans cette boîte, je sais qu'il me faut attendre une opportunité et qu'elle se présentera, mais on me propose un poste où j'aurai plus de responsabilités et une progression assurée, au même salaire que celui que j'ai aujourd'hui. »

**Réponses possibles***

1. « T'es vraiment incroyable ! Tu te plains parce que tu as l'embarras du choix ! En fait tu as peur de bouger et tu te persuades que tu vas trouver ta place ici ».

2. « T'as qu'à tenter l'aventure de la nouvelle boîte, la mobilité, y a que ça de vrai ! »

3. « Si tu veux on peut prendre un temps pour en parler et voir où tu en es. Et puis j'ai un copain qui travaille dans la boîte qui te propose ce poste ; on peut le voir pour avoir un avis de l'intérieur. »

**REPÉRER LES DIFFÉRENTES ATTITUDES
DANS LES RÉPONSES
Selon Porter**

4. « Qu'est-ce qui te plaît vraiment dans notre boîte ?
Comment tu y vois ton avenir ? Et l'autre boîte, quel
genre de boulot elle te promet ? »
5. « C'est ton problème mon vieux ! »
6. « Si je comprends bien tu hésites entre rester ici où
tu penses que tu vas évoluer, et un autre poste à responsabilités et perspective de carrière. »

*Précisons, pour l'animateur, la correspondance entre
les réponses proposées et les attitudes illustrées : 1 :
Évaluation, interprétation, 2 : Décision, 3 : Soutien, 4 :
Enquête, 5 : Fuite, 6 : Écoute.

**1ʳᵉ phase**

L'animateur demande aux participants de travailler individuellement sur les cas en identifiant les attitudes
auxquelles renvoient les réponses. Il précise que certaines réponses peuvent combiner plusieurs attitudes.
Il leur demande également de noter les réponses qui
leur a posé des problèmes, ce qui lui permet ultérieurement de revenir sur les attitudes par rapport auxquelles il y a incompréhension.

**2ᵉ phase**

Une fois terminé leur travail sur les cas, l'animateur en
fait la « correction » avec les participants. L'un d'entre
eux lit l'énoncé du cas et à tour de rôle chacun lit une
réponse et indique l'(les)attitudes(s) qu'il y a repérée(s).
Les autres participants expriment leur accord ou leur
désaccord. L'animateur, en cas de désaccord, leur fait
préciser ce qui a orienté leur choix.
Il indique la réponse appropriée. C'est pour lui l'occasion de donner des compléments d'explication sur
telle ou telle attitude.
Au terme de ce tour de table, il fait la synthèse que jus-
tifient les travaux des participants (récapitulation, reprise ...).

**Commentaires**

Cet exercice implique de la part de l'animateur une
préparation importante. Il s'agit de choisir ou de

produire des cas qui mobilisent les participants. Il faut en effet se méfier des cas trop « psychothérapeutiques » qui ne correspondent pas à leur réalité quotidienne et peuvent être tournés en dérision. C'est pourquoi le formateur se constitue son propre dossier de cas.

Avant la séance, l'animateur reprend les cas et fait lui-même le travail pour ne pas avoir à hésiter lors de la phase d'exploitation de l'exercice. Si lui-même a un doute sur l'identification de certaines réponses, il les commente en expliquant ce qui justifie son hésitation.

Là encore, il s'agit de développer la capacité à identifier les différentes attitudes et leurs éventuelles incidences sur les relations interpersonnelles et nullement d'ériger l'écoute empathique comme la seule acceptable.

**Variante**

Si le groupe est important (plus de 12 personnes), l'animateur propose après la 1ʳᵉ phase un travail en sous-groupe de trois participants.

Au sein de chaque sous-groupe, les participants confrontent leurs réponses et en cas de désaccord, chacun explique les raisons de son choix. S'ils n'arrivent pas à se mettre d'accord ou si des doutes subsistent, ils le notent pour le soumettre pour le travail ultérieur en grand groupe.

Dans la phase de mise en commun, un rapporteur (tournant) rend compte des propositions de son sous-groupe. Le rôle de l'animateur est conforme à ce que nous préconisons dans la 2ᵉ phase.

| **Objectifs** | Donner l'occasion à chacun : |

**Objectifs**

Donner l'occasion à chacun :
1) de mettre en pratique une écoute active-bienveillante-compréhensive ;
2) de recevoir de la part d'un observateur extérieur des impressions sur sa manière d'écouter.

**Matériel**

Néant.

**Durée**

De 30 à 50 minutes.

**Déroulement**

Les participants sont divisés en groupes de trois personnes :
A = Interviewer et écoutant
B = Interviewé
C = Observateur de A

Chacun assure successivement les trois rôles (5 à 10 minutes).

L'animateur dispose trois chaises en triangle :

        A        B

           C

A et B décident d'un thème sur lequel B a des choses à dire (il ne s'agit pas ici de le mettre en difficulté mais de rendre les choses faciles pour celui qui parle, l'attention étant mise sur l'écoute de A).

Il est demandé à A :
– d'écouter de manière « Active », « Bienveillante » et « Compréhensive », en donnant des signes de réception du message (voir fiches précédentes). Quoi que la personne dise, l'objectif est de la recevoir, la comprendre et lui manifester qu'on l'a reçue et qu'on intègre ce qu'elle dit, en essayant de comprendre ;
– de découvrir ce qui est dit, simplement, sans juger ;
– d'accepter les silences tout en continuant à écouter pour laisser à la personne le temps de réfléchir et formuler sa pensée.

A, par une question ouverte de départ, peut reformuler, reprendre des mots clés pour les faire approfondir, questionner à partir de ce qui est dit. Mais il n'est pas là pour entrer dans une discussion et donner son propre avis.

Il est demandé à C :
- d'observer tout le temps l'écoutant A et de lui dire, après 3 à 5 minutes d'interview, comment il a perçu son écoute : donnant des signes de réception, patiente, compréhensive... B peut aussi se joindre à l'analyse et dire s'il s'est senti écouté.
- de gérer le temps pour interrompre l'interview au bout de 3 à 5 minutes et commenter la qualité de l'écoute.

Dès que interview et observations sont terminées les rôles sont inversés : A devient C, B devient A, C devient B.

L'animateur se déplace d'un sous-groupe à l'autre. Il vérifie la clarté des consignes, répond aux questions, ajoute ses commentaires et peut faire réessayer 2 à 3 minutes d'interview pour une meilleure écoute.

**Commentaires**

**SYNTHÈSE**

Lorsque les trois personnes ont endossé les trois rôles, l'animateur réunit le grand groupe. Il demande si cela valait la peine de faire cette expérience (qui implique personnellement puisqu'on observe une personne dans son écoute). Il interroge sur ce qui semble facile ou ce qui semble difficile dans cette écoute. Il invite à s'entraîner dans la vie quotidienne, en étant simplement attentif à la manière dont on se met en écoute et on le manifeste.

| **Objectif** | Prendre conscience :<br>– du rapport culturel au silence ;<br>– de son propre rapport au silence ;<br>– de l'usage du silence dans l'écoute. |
| **Matériel** | Aucun. |
| **Durée** | 10 à 20 minutes. |
| **Déroulement** | Une interview devant le groupe. Nous choisissons la formule de l'interview car elle est connue et repérable. Mais ce qui suit s'applique à toute situation de communication. |

L'animateur fait venir un interviewer et un interviewé devant le groupe. Il invite à une question d'opinion (« Je vous invite à donner votre avis sur... Je vous propose de parler de... Que pensez-vous de... ?) en accord avec l'interviewé qui peut choisir le thème avec lui. Il demande soit publiquement, soit en privé, à l'interviewé, de ne pas répondre du tac au tac mais de réfléchir très longtemps, dans le silence, avant de répondre.

La séquence est courte. Elle braque le projecteur, comme dans un travail de laboratoire, sur les quelques secondes qui s'écoulent entre la fin de la question et le début de la réponse.

L'animateur demande à l'interviewer (et aux observateurs, si ceux-ci se mettaient à sa place) d'évaluer intérieurement le temps de silence « acceptable » à laisser, pour que l'interviewé trouve sa réponse et ses mots. L'animateur compte intérieurement (1... 2... 3... 4... 5...) pour faciliter l'échange dans le groupe sur le dosage du silence : Jusqu'à 3... ? jusqu'à 7... ? Il sollicite les observateurs à dire « STOP » s'ils estiment que le temps de silence est trop long. Il fait recommencer le même démarrage de question plusieurs fois pour explorer, en fonction des tempéraments présents dans le groupe, les perceptions du silence acceptable / souhaitable qui permet une communication la meilleure possible.

L'animateur fait analyser les raisons qui peuvent présider :
- à la gêne éprouvée dans le silence (en dehors du groupe, dans la société en général) ;
- aux apports de l'acceptation du silence comme moment de repos, de réflexion, de maturation de la pensée et de respect de l'autre.

Il conclut sur l'importance, sinon d'une norme, d'une conscience de la place du silence pour l'autre et pour soi.

**Commentaires**

La plupart du temps il existe une tendance forte à vouloir « meubler par des paroles » l'espace vide parce que nous sommes habités par des peurs culturelles / personnelles liées à ce qui peut être inquiétant dans le silence (corps à corps sans médiation de parole). La réflexion rationnelle introduite par les notions de silence vide et de silence plein avec temps de maturation de la réflexion aide à accepter le silence pour mieux écouter activement, y compris pendant ce temps de silence.

> Voir Livret du Formateur :
> **« Silence plein et silence vide »**

**Variante**

La même expérience est menée (à un autre moment ou tout de suite après, dans le même groupe) entre la fin d'une réponse et la reprise de parole par l'interviewer.

La question est alors : « Combien de temps je laisse à l'interviewé pour vérifier, par le silence (espace de parole que je laisse à sa disposition) s'il aurait des choses à ajouter ? ». Intervenir, surtout par gêne du silence, peut en effet empêcher une autre parole d'émerger dans la réponse.

| | |
|---|---|
| **Objectif** | Développer sa capacité à rester concentré à l'écoute d'une personne alors que de multiples sollicitations surviennent autour de vous. |
| **Matériel** | Une grande salle. |
| **Durée** | 20 minutes. |
| **Déroulement** | L'animateur invite chaque participant à trouver un partenaire avec lequel il projette de dialoguer. Il est préférable de choisir une personne inconnue. |

Les dialogues commencent dans différents points de l'espace. Les partenaires sont alors proches. Lorsque le dialogue a pris corps, les partenaires s'éloignent peu à peu. Ils vont devoir faire un effort de projection dans l'espace (à la fois sur le plan verbal et sur le plan non verbal), mais aussi un effort de concentration pour rester à l'écoute du partenaire. Une cacophonie croissante se développe. L'animateur recommande aux partenaires de ne pas crier, de parler le plus doucement et le plus posément possible.

Une première cacophonie s'étant développée quelques minutes avec ces consignes, l'animateur interrompt l'exercice. Il fait alors verbaliser les participants. La difficulté est que pour rester concentré sur le dialogue avec son partenaire, il faut reléguer les autres discussions parallèles à un simple bruit de fond. N'ayant pas de but précis dans l'écoute de son partenaire, chacun est tenté de prêter l'oreille à d'autres voix particulièrement fortes ou séduisantes, à d'autres conversations dont le thème accroche.

Une seconde phase de l'exercice est alors proposée. Cette fois, les partenaires ont une consigne supplémentaire. Ils se donnent une mission : l'un va essayer de recueillir et de comprendre le point de vue de l'autre sur un sujet précis.

La seconde cacophonie est de nouveau interrompue au bout de quelques minutes par l'animateur. Les participants sont invités à s'exprimer sur cette nouvelle expérience. Les partenaires doivent observer qu'ils ont eu moins de difficulté à s'écouter que lorsqu'ils discutaient à bâtons rompus.

| **N° 41$_2$** | **DIALOGUER DANS LA CACOPHONIE** |
|---|---|

**Commentaires**

La cacophonie est un « bruit* ». Pour corriger l'effet négatif de ce bruit, nous proposons de travailler tout d'abord sur la visée d'un objectif qui permet à un « récepteur* » de se concentrer sur le « message* » émis par un « locuteur* ». Le récepteur parvient ainsi plus facilement à filtrer et à éliminer les messages des voisins qui peuvent le solliciter à travers un contenu attractif, une voix au timbre agréable ou à l'intensité sonore forte...

Avec la variante ci-dessous, nous pratiquons la « rétroaction* » (feed-back), en demandant au récepteur de faire savoir au locuteur la façon dont il perçoit le message. En répétant le message, nous pratiquons la « redondance* ».

**Variante**

Au sein de chaque couple formé, un participant lit un texte. Dans un premier temps, l'autre a le dos tourné et note sur un papier ce qu'il comprend. La cacophonie se développe, mais l'auditeur ne peut réagir ni poser de questions. Dans un second temps, l'auditeur se retourne et a la possibilité de poser des questions. Le locuteur peut répéter son message.

\* Voir Lexique de l'approche linguistique dans le Livret du Formateur.

| | |
|---|---|
| **Objectifs** | S'entraîner à l'« écoute flottante » (type d'écoute utile lors de la phase exploratoire d'une enquête, d'une pré-analyse de contenu, d'une première lecture d'un document à analyser).<br>Prendre conscience de l'existence de sens cachés – non conscients – derrière le sens manifeste. |
| **Matériel** | Magnétoscope. Enregistrements de films publicitaires. |
| **Durée** | 30 minutes. |
| **Déroulement** | Un film publicitaire est diffusé devant les participants. Le formateur propose au groupe de faire une ébauche d'« analyse de contenu » du film. Pour permettre une analyse assez précise, il faut procéder à plusieurs lectures et à des arrêts sur image. La bande-son peut faire l'objet d'une analyse détaillée.<br><br>Le formateur demande aux participants de décrire très concrètement la publicité. Il note au tableau cette description et, s'il s'agit d'un récit, la suite d'évènements racontés par le spot.<br>Puis il demande aux personnes du groupe d'« associer » sur ces éléments, de laisser venir à elles des impressions. Les associations sont notées au tableau, ainsi que les sentiments et les perceptions, positives ou négatives, qui sont liés.<br>Le formateur interroge ensuite le groupe sur les différents sens qui apparaissent et le sollicite pour établir des hypothèses d'interprétation de ce spot, en analyser les contenus cachés. Cette partie du travail distingue les interprétations qui sont argumentées (en fonction du slogan du spot, de son style, de son contexte, du public qu'il vise…) et celles purement personnelles. Si un détail du spot frappe particulièrement un participant, le formateur l'invite, d'une part à argumenter son interprétation, et d'autre part – conformément au principe de l'« écoute flottante » – à ne pas se focaliser sur ce seul détail, et à s'ouvrir à l'interprétation des autres éléments du spot.<br><br>À titre d'exemple :<br>Une publicité montre un jeune enfant somnolant dans |

les bras de sa mère devant une cheminée où brûle un feu. Un gros chien de couleur fauve survient. Une succession de plans montre, en alternance et en superposition, les flammes dans la cheminée et la tête du chien aux oreilles pointues, à la gueule entrouverte et aux yeux brillants dans la pénombre. Le chien s'approche lentement de l'enfant. L'enfant et la mère ont les yeux tournés dans une autre direction. Le museau du chien effleure l'enfant. L'animal ouvre la gueule et lèche affectueusement l'enfant. Ce dernier, sans même le regarder, pose une main sur la tête du chien. Le gros chien s'allonge contre la mère et l'enfant, en les poussant un peu. La main de l'enfant titille l'oreille du chien. Le chien somnole à son tour. Un slogan publicitaire vante les mérites d'une marque de cheminée permettant de faire des feux de bois en toute sécurité.

Après avoir décrit le spot publicitaire, le formateur propose aux participants d'« associer » sur la description du spot. Quels sentiments vous inspirent les images : Crainte, bien-être, sentiments ambigus ? Que symbolise le gros chien ? Certains répondent assez rapidement qu'il symbolise le feu de bois. Le récit semble vouloir montrer que le feu dans une cheminée tout comme le gros chien, même s'ils peuvent inquiéter de prime abord, s'avèrent être des présences réconfortantes. Si l'on pousse plus avant l'analyse, les oreilles pointues, la tête énorme de couleur fauve, le rouge de la gueule entrouverte et les yeux luisants dans la pénombre se superposant aux images du feu, sont associés à l'idée d'un diable, d'un dragon ou d'une bête dévorante. À ces images viennent s'opposer celles de la douce relation mère-enfant, puis la relation ludique et complice entre l'enfant et le chien. La bête est apprivoisée.

Avant la description détaillée et l'analyse de contenu du spot, le formateur explore les contenus latents associés au feu chez les personnes du groupe. En « association libre », un ensemble d'idées, de sentiments, d'images sont listés par écrit par chacun concernant le feu. Au cours de l'analyse, les contenus négatifs (danger concret, satanisme…) et les contenus positifs (chaleur bienfaisante, bonheur du foyer familial...) sont opposés. La citation d'extraits de « La psychanalyse du feu » de Gaston Bachelard peut éclairer cette réflexion.

**Commentaires**

L'analyse de contenu amorcée avec le groupe révèle l'existence de sens que l'on ne soupçonne pas derrière le sens manifeste d'un banal spot publicitaire. L'« interprétation* » est principalement ici un travail du groupe pour découvrir des relations entre les sens manifestes donnés au film d'abord et les sens cachés apparaissant ensuite.

L'analyse de contenu est l'examen d'un ensemble d'informations – entretien enregistré, article de presse, spot publicitaire... – visant à faire apparaître le sens qu'il contient. L'approche psychanalytique distingue un sens apparent, le contenu manifeste, et un sens caché, le contenu latent. Une interprétation n'utilisant pas la psychanalyse distingue plus simplement deux niveaux de lecture : la dénotation (recherche du sens apparent) et la connotation (recherche du sens caché).

**Variante**

L'écoute flottante est pratiquée à partir de divers supports. Après avoir ainsi exercé leur attention, les participants sont invités à analyser l'enregistrement d'une interview non directive, en se posant la question du sens des propos de l'interviewé, avec la formulation d'hypothèses.

* Voir lexiques et documents « Écoute et approche psychanalytique » et « Lexique de linguistique » dans le Livret du Formateur.

**Objectifs**

Montrer comment l'écoute des individus dans un grand groupe peut être facilitée par une scission momentanée de ce groupe en sous-groupes.
Montrer les limites de ce mode d'écoute.

**Matériel**

Une salle annexe.

**Durée**

45 minutes.

**Déroulement**

Les participants sont au moins au nombre de vingt. Le formateur les invite à produire des idées sur un sujet qui les concerne. Ils doivent par exemple fournir des suggestions pour améliorer un mode d'organisation. Ils le font tout d'abord en groupe plénier pendant une dizaine de minutes.

Le formateur demande ensuite à chaque participant de choisir des partenaires pour former un sous-groupe (entre trois et neuf personnes pour favoriser la synergie). Un rapporteur désigné dans chaque sous-groupe prend en notes les idées exprimées.

Le groupe plénier se retrouve ensuite et chaque rapporteur rend compte des idées produites, sous le contrôle des participants.

Le formateur fait un bilan global de l'expérience. A-t-on eu le sentiment d'améliorer l'écoute grâce aux sous-groupes ?

**Commentaires**

Cette technique permet à des personnes peu à l'aise dans la prise de parole en public d'exprimer leur point de vue en craignant moins d'être ridicules ou sanctionnées. L'« interaction* » facilite la richesse et l'abondance de la production, la remontée d'idées nouvelles. Dans un groupe plénier supérieur en nombre à une quinzaine de personnes, l'exercice fait apparaître de façon spectaculaire la participation accrue engendrée par la création de sous-groupes.

L'inconvénient est que l'ensemble du groupe (le groupe plénier) n'a pas entendu chacun. L'interaction n'est plus directe. L'expression de divergences, manifestes ou latentes, au sein du groupe risque par ailleurs d'être favorisée.

**Variante**

Un observateur note ce que chacun a dit dans chaque sous-groupe. De retour en groupe plénier, en l'absence de rapporteurs, chaque participant fait un compte rendu à sa façon de ce qu'il a retenu et dit s'il a eu le sentiment d'avoir été entendu. Les observateurs commentent ensuite et montrent comment ils ont pu écouter ou pas les différents points de vue. En l'absence d'animateurs de réunion – même en sous-groupe de cinq à neuf personnes – certains participants ont encore le sentiment de ne pas avoir été écoutés suffisamment.

| | |
|---|---|
| **Objectifs** | Jouer à mobiliser tout son esprit et tout son corps pour entrer dans le point de vue d'un autre. Développer sa parole en public en s'appuyant à la fois sur l'écoute du groupe et sur sa propre écoute. |
| **Matériel** | Aucun. |
| **Durée** | 20 minutes. |
| **Déroulement** | Le formateur propose aux participants de se lever et de former un demi-cercle. Chaque participant sort tour à tour de ce demi-cercle pour s'adresser au groupe et tenir un discours (discours officiel, transmission d'ordres, déclaration d'amour ou d'hostilité...). En demi-cercle face à l'orateur, les personnes du groupe lui renvoient ses paroles en écho. |
| | Il est nécessaire que l'orateur émette des séquences très courtes (phrases ou morceaux de phrases ne comprenant que quelques mots). Le groupe lui renvoie alors ces petites séquences du tac au tac et sans changer un mot. L'orateur laisse par ailleurs venir des gestes accompagnant ses paroles. Le groupe s'efforce en retour de refléter l'attitude, l'expression et les gestes de l'orateur, de vraiment entrer dans sa peau. |
| | Pour éviter les hésitations dans la succession des orateurs, l'animateur propose de suivre l'ordre adopté spontanément par les participants lorsqu'ils ont constitué le demi-cercle. Il est cependant souhaitable que la première personne soit volontaire ou choisie pour sa facilité d'élocution. |
| **Commentaires** | L'écoute se présente ici d'abord comme une obligation pour chaque membre du groupe. L'orateur alors semble tout puissant. Mais, confronté à ses paroles et à son image, il est lui-même vite amené à s'écouter. Excellent exercice pour celui qui a tendance à parler trop vite. |
| | Notons que le temps de l'écho n'est pas pour l'orateur un temps mort. La « reformulation* » l'aide à approfondir sa parole. Si l'écho vient vraiment du tac au tac, le temps de réflexion est en outre assez bref. |

Nous travaillons ici sur la « rétroaction* », un feed-back qui ne se limite pas à reprendre le discours de l'orateur. Ses sentiments sont également réexprimés. Cela demande une grande disponibilité, une attention très ouverte à l'autre. Il convient – au moins le temps du jeu – d'accepter l'autre.

**Variante**

Au lieu de tenir un discours, l'orateur développe un récit : histoire imaginaire, relation d'une expérience vécue dans le groupe ou en dehors, etc.

*Voir Lexique de l'approche linguistique dans le Livret du Formateur.

**Objectif**

Trouver les moyens de mettre fin à l'écoute lorsque l'on ne peut / veut plus écouter.

**Matériel**

Aucun.

**Durée**

30 à 45 minutes.

**Déroulement**

**PRÉALABLE**

Plusieurs raisons nous amènent à mettre fin à l'écoute :
1. **la lassitude** (fatigué, on a du mal à suivre) ;
2. **l'ennui** (non intéressé, on sent qu'on n'est plus sincèrement à l'écoute) ;
3. **l'urgence** (pressé, on a une autre obligation) ;
4. **le bavardage répétitif** (on a l'impression que la personne se répète et n'apporte plus d'éléments nouveaux qui donnent envie d'écouter) ;
5. **la digression** (on a l'impression de détour par des éléments autres, dont on ne voit pas le lien avec l'objet de l'entretien) ;
6. **l'erreur d'orientation** (on a l'impression que l'on n'est pas la personne adéquate à qui l'autre se confie) ;
Etc.

Le but est alors :
– de **trouver la courtoisie de ne pas écouter** et de le dire de manière acceptable, sans gêner l'autre ni être gêné soi-même ;
– de **décider, selon le cas** de poursuivre l'entretien dans une autre direction, d'orienter la personne vers quelqu'un d'autre, de mettre fin à l'entretien, de faire une pause, de reporter l'entretien...

**EXERCICE**

Il s'agit de brefs jeux de rôles, joués à deux personnes devant le groupe. On choisit l'une ou l'autre des situations ci-dessus. On suppose que les deux personnes sont ensemble depuis une heure. On est à la 61e minute. La personne qui parle est volubile, prête à continuer. C'est elle qui commence le jeu de rôle, parlant comme si de rien n'était, en continu.

La personne qui écoute doit l'interrompre à la fin d'une phrase, pour arriver à mettre fin ou réorienter l'entretien, avec un minimum de gêne de part et d'autre (et même « aucune gêne » !).

Il est motivant de choisir des situations en relation avec l'objectif professionnel, l'âge ou les préoccupations des membres du groupe (s'il y a lieu).

EXEMPLES

**1. LASSITUDE**

**1.1** Une grand-mère
*raconte ses histoires de jeunesse.*

Un petit-fils ou une petite-fille (de l'âge de membres du groupe)
*ne se sent plus la patience d'écouter ces histoires (déjà connues) et souhaite passer à autre chose.*

**1.2** Un chef de service
*aime raconter ses états de service dans d'autres entreprises (difficultés de contrats à l'étranger, voyages effectués dans le monde pour de précédents employeurs).*

Un employé
qui dépend de lui
*est préoccupé par sa femme qui doit subir des examens approfondis suite à des douleurs à l'estomac.*

**2. URGENCE**

**2.1** Idem cas ci-dessus 1.2

Un employé
qui dépend de lui
*voudrait retourner dans son bureau traiter le dossier à finir pour ce soir (sinon il doit rester dans l'entreprise au-delà de18h30).*

**2.2** Un client à la recherche de matériel électronique pour discothèque (tables de mixage pour une chaîne de dix discothèques qu'il a créées)
*raconte sa vie et entame la 2ᵉ heure où il explique comment, pourquoi, et où il a créé chacune de ces dix discothèques*

Un employé du magasin
*D'une part il veut rester poli avec ce client qui peut être important. D'autre part il n'a pas que cela à faire et il y a un autre client qui attend depuis 5 minutes.*

### 3. BAVARDAGE RÉPÉTITIF – DIGRESSION

**3.1** Une personne âgée vient à la mairie *demander des renseignements sur...*    Un employé de mairie

**Commentaires**

L'animateur et le groupe inventent des situations ou, souvent, font appel à des souvenirs.

À chaque jeu de rôle, l'animateur arrête après trois à cinq répliques, dès que les participants ont observé la manière de faire de l'écoutant pour arrêter le flot de paroles. Il invite s'il y a lieu quelqu'un d'autre à essayer. Il essaye lui-même. Puis il analyse avec le groupe :

– la diversité des manières de faire ;
– les avantages et inconvénients de chacune ;
– celles que les personnes « arrêtées » dans leur flot de paroles ont préférées, dans lesquelles elles se sont senties à l'aise, qui leur ont paru acceptables.

L'animateur dégage quelques grandes règles concernant l'efficacité de cette fin temporaire de l'écoute. Voici, à titre d'exemple, ce que l'expérience nous a appris.

1° **Ne pas interrompre au beau milieu d'une phrase** mais juste à sa fin (courtoisie) : là où serait le point (à l'écrit), en intervenant très vite à cet instant, avec une phrase déjà prête, intérieurement.

2° Utiliser rapidement une fois de plus **la reformulation résumée ou détaillée pour montrer / prouver** à la personne que vous l'avez bien écoutée jusque-là.

3° Dire après, **le plus sincèrement et simplement possible, la vérité** de ce qui vous amène à interrompre (voir objectifs ci-dessus) :
a. « Il se fait que je suis **fatigué** et que j'ai **maintenant du mal à suivre** (lassitude) »,
b. « Vous m'avez dit tout cela et là je sens que je n'ai **plus la patience d'écouter** (ennui, impatience) »,
c. « J'ai entendu tout cela. Il se fait que **j'ai maintenant un rapport à terminer pour ce soir à 19 h.** Je vais vous prier de m'excuser (urgence) »,

d. « J'ai bien entendu tout cela (reformulation détaillée). Avez-vous d'« **autres choses** » à me dire ? Sinon, je vais… (bavardage répétitif) »,

e. « Vous m'avez parlé longuement de… Est-ce que cela a **un rapport direct avec ce qui vous amène** ? Ou, qu'est-ce qui fait que vous m'en parlez (digression) ? »

4° Poser à la personne la question qui vous intéresse et lui **demander son accord sur ce que vous proposez** maintenant. Si vous l'avez bien écoutée avant, si vous arrivez à être sincère sans être gêné, si vous lui montrez que vous la prenez en considération d'écoute mais que vous avez aussi un besoin que vous savez exprimer, vous serez parfois surpris du résultat.

*N.B.* Nous espérons que le lecteur va accepter dans cette dernière fiche que nous prenions le contre-pied de ce que nous avons défendu tout au long de ce livre. La vie nous amène parfois à ne pas vouloir / pouvoir écouter. Respectons aussi cela. S'il nous semble qu'une immense capacité d'écoute comme de parole sont des qualités essentielles à chacun, le dosage est lié autant à la capacité de résistance physique qu'au métier que l'on exerce, à la patience que l'on a et à l'éthique d'écoute que l'on se donne. Parfois la parole nous « libère » et dans l'écoute on se retient. On renonce. Temporairement. Cela a ses limites. Il est utile de les connaître. Certains peuvent se dire : « Écouter OUI… mais pas TROP… ». Chacun placera le TROP là où il peut, là où il veut. Si ce livre peut permettre d'en repousser les limites, avec des choix plus vastes pour savoir **quoi, pourquoi et comment écouter** (ou pas) qu'il trouve sa place en vous entre le PAS ASSEZ D'ÉCOUTE et le TROP PLEIN D'ÉCOUTE et notre effort n'aura pas été vain.

# LA RELANCE ET LA FORMULATION

| | |
|---|---|
| **Objectifs** | Rappeler que tous les mots vagues, généraux, abstraits, imprécis... sont en eux-mêmes des sources de questions.<br>Rappeler l'importance dans la communication de précisions, d'exemples, de faits concrets, qui permettent de mieux se rapprocher d'une compréhension commune. |
| **Matériel** | Aucun. |
| **Durée** | De 10 à 15 minutes. |
| **Déroulement** | L'animateur pose une question ouverte et donne une réponse contenant des termes vagues. |

Il demande aux participants :

– **soit** de l'interrompre pour faire préciser un mot chaque fois que cela est possible (l'émulation dans le groupe alors joue pour attirer l'attention sur les mots qui peuvent être source de précisions). L'animateur n'a pas besoin de répondre à chaque relance. L'objectif est de trouver la relance. Il continue son texte, sans apporter lui-même les précisions ;

– **soit** de noter et garder en réserve pour des relances à la fin du texte, le plus grand nombre de thèmes qui sont à préciser pour avoir plus d'informations dans l'écoute. (Exemple d'utilisation : « Vous disiez tout à l'heure que... c'est-à-dire... ? » « Vous avez dit aussi que... par exemple, quelles difficultés... ? », ceci en bout des propos de l'interlocuteur). Dans ce cas, l'animateur compare simplement à la fin si tout le monde a repéré les mêmes thèmes sur lesquels une relance serait possible.

Les participants peuvent utiliser :
**– La relance par le mot ou la phrase en miroir**
*Il suffit de reprendre un ou quelques mots et de les renvoyer tels quels sur un ton interrogatif appelant des précisions.*

**– La question simple de précision**
*On formule une vraie question simple demandant des précisions.*

EXEMPLE 1 **avec mots en miroir**
**(dix relances sur un texte de quelques lignes)**

La personne dit :
« Il y a longtemps, les gens            *Longtemps... ?*
du quartier avaient tendance
à se réunir souvent dans                  *Souvent... ?*
divers lieux.                                     *Divers lieux... ?*
Les plus âgés s'occupaient        *Les plus âgés ... ?*
entre eux ou alors s'occupaient   *S'occupaient ... ?*
des plus jeunes.
Ceux qui habitaient vers
le haut de la ville avaient
plus de moyens. Ils                      *Plus de moyens... ?*
descendaient rarement                  *Rarement... ?*
vers le bas. Pourtant le maire
avait fait beaucoup d'efforts   *Beaucoup d'efforts... ?*
pour que ceux du haut et
ceux du bas collaborent.              *Collaborent... ?*
Ce n'était pas facile. »                   *Pas facile... ?*

EXEMPLE 2 **avec simple question de précision**
**(dix relances sur un texte de quelques lignes)**

La personne dit :
« Il y a longtemps, les        *Longtemps, c'est-à-dire ?*
gens du quartier avaient
tendance à se réunir
souvent                     *Souvent, combien de fois par... ?*
dans divers lieux.                                   *Où ?*
Les plus âgés        *Les plus âgés avaient quel âge ?*
s'occupaient entre eux, ou
alors s'occupaient des        *S'occupaient comment... ?*
plus jeunes. Ceux qui
habitaient vers le haut de la ville
avaient plus de moyens. *En quoi, plus de moyens... ?*

Ils descendaient
rarement vers le bas.    *Combien de fois par... ?*

Pourtant le maire avait fait
beaucoup d'efforts pour que     *Quels efforts... ?*
ceux du haut et ceux du bas
collaborent *En quoi consistait cette collaboration ?*
Ce n'était pas
facile. »     *Qu'est-ce qui n'était pas facile... ?*

**Commentaires**

Cette pratique est spontanément connue des participants qui l'utilisent eux-mêmes souvent sans que cela
soit repéré comme tel. L'exercice amène à utiliser
consciemment cet outil du langage pour écouter mieux
et plus s'il y a lieu. Bien entendu l'exercice concentre
l'attention sur une détection systématique des mots
généraux ou vagues. Il ne s'agit pas, dans la pratique
d'utiliser la relance de façon automatique pour chaque
mot, mais d'être attentif aux relances possibles
lorsque cela est utile, pendant ou après ce qui a été
dit, à partir des mots clés mémorisés.

**Variantes**

VARIANTE 1

On divise l'exercice en deux parties :
– quelques minutes pour la relance avec mots en
  miroir ;
– quelques minutes pour les questions de précision.

VARIANTE 2

L'animateur prolonge l'exercice en faisant travailler
l'ensemble du groupe sur le même objectif par des interviews réciproques à deux ou à trois, avec un observateur. Dans ce cas, l'animateur organise trois interviews successifs de cinq minutes environ, chaque participant étant à tour de rôle observateur, questionné et
questionneur / écoutant, guettant les termes généraux
et vagues pour les faire préciser.

| | |
|---|---|
| **Objectif** | Savoir pratiquer la « reformulation* » dans un entretien. |
| **Matériel** | Papier, crayons, magnétoscope. |
| **Durée** | 90 minutes. |
| **Déroulement** | Le formateur propose aux participants de simuler le démarrage non directif d'un entretien d'enquête. Deux volontaires sont l'interviewer et l'interviewé. Les autres participants sont à la fois observateurs et impliqués dans un travail de reformulation. |

Le formateur s'assure que l'interviewé est désireux de s'exprimer sur un thème. Une liste de pratiques ou d'évènements concernant les participants facilite le choix d'un sujet motivant. Le groupe peut aussi proposer des thèmes à l'interviewé volontaire et ce dernier choisit celui qui le motive le plus. L'ensemble du groupe, en dehors de l'interviewé, prend une feuille de papier et un crayon pour noter les propos exprimés. Le lieu de la simulation est tel que chacun puisse bien suivre le déroulement de l'entretien. Le formateur met à l'aise les deux volontaires et les invite à parler fort. L'entretien est filmé au magnétoscope.

1. L'interviewer donne à l'interviewé une consigne du type : « j'aimerais que vous me parliez de... ». Il encourage alors l'interviewé à s'exprimer librement et manifeste son intérêt par une posture ouverte, un regard bienveillant, des hochements de tête, etc.

2. Lorsque l'interviewé s'interrompt de façon prolongée et qu'il paraît avoir besoin de l'aide de l'interviewer pour poursuivre, le formateur suspend l'entretien et demande à l'ensemble des participants de noter sur leur papier une reformulation des propos de l'interviewé. Lorsque chacun l'a fait, le formateur invite l'interviewer à donner à l'interviewé sa reformulation et l'entretien reprend.

3. L'alternance de séquences d'interview et de moments de reformulation peut se produire plusieurs fois.

4. Lorsque le formateur estime que l'interviewé a exprimé à un premier niveau son point de vue, de façon assez substantielle, il interrompt l'entretien en rappelant que le groupe est là dans les limites d'un exercice.

Il sollicite alors l'avis de l'interviewé : a-t-il eu le sentiment ou non de s'exprimer et d'être entendu ? Sur quel point ? Comment a-t-il ressenti l'attitude de l'interviewer sur les plans verbal et non verbal ?
L'interviewer donne ensuite son sentiment, puis le groupe à son tour.

Le formateur questionne les participants sur leur première reformulation écrite. Plusieurs propositions de reformulation sont ainsi recensées pour la première séquence de l'entretien. Le formateur en note au tableau quelques-unes en prenant pour critère leur diversité. Il demande à l'interviewé dans lesquelles il se reconnaît le mieux.

Avec le groupe, il analyse ensuite chacune des reformulations notées. Il montre que plusieurs reformulations différentes sont fidèles ; chacun peut reformuler avec ses mots à lui, ce qui est encourageant pour les futurs interviewers. Parmi ces reformulations fidèles, le formateur établit que certaines sont concises et d'autres plus exhaustives. Il montre, si possible en s'appuyant sur l'interviewé, qu'il vaut parfois mieux une reformulation laborieuse, tâtonnante, qu'une reformulation brillante et abstraite qui donne à l'interviewé le sentiment d'être « épinglé ». Lorsqu'on manque de recul sur les propos de l'interviewé et qu'on craint de ne pas en saisir le sens global, il est préférable de reprendre point par point et dans l'ordre ce qui a été dit. Le formateur montre ensuite que les « reformulations » de l'interviewer moins bien acceptées ou rejetées par l'interviewé peuvent être des résumés trop partiels, ou peuvent même être, de façon plus ou moins masquée, des questions, des interprétations, des évaluations, des suggestions...

En visionnant l'enregistrement de l'entretien, le formateur s'arrête à plusieurs reprises en demandant au groupe d'analyser l'attitude de l'interviewer. Il propose alors à la fois, de commenter les reformulations de, ce dernier et son comportement non verbal (posture, regards, signes de tête, etc.).

**Commentaires**

L'attitude non directive est ainsi considérée dans sa globalité. L'essentiel pour l'interviewer non directif reste le souci manifeste de comprendre le point de vue de l'autre. À cet égard, on observe que la neutralité n'entraîne pas nécessairement de la froideur. L'enthousiasme de l'enquêteur pour connaître le point de vue exprimé est communicatif, il encourage l'interviewé.

Les prérequis :
- une définition de la reformulation et de l'approche non directive. Il faut préciser que cette approche peut se limiter au démarrage d'un entretien d'enquête ;
- une définition des attitudes de « PORTER ». Si possible, même, un exercice permettant de s'entraîner à les identifier (voir fiches 37 et 38).

*Voir dans le Livret du Formateur :
- lexique et documents annexes sur l'écoute définie par C. Rogers ;
- les « attitudes de Porter » ;
- l'entretien « non directif ».

| DIFFÉRENTS TONS POUR UNE MÊME REFORMULATION | N° 48$_1$ |
| --- | --- |

**Objectifs**

Prendre conscience du fait qu'effectuer une bonne reformulation ne consiste pas seulement à trouver une phrase respectueuse du point de vue de l'interviewé. Explorer différents tons et attitudes non verbales de l'interviewer.

**Matériel**

Aucun.

**Durée**

20 minutes.

**Déroulement**

Le formateur propose aux participants d'énoncer une brève « reformulation* » en adoptant différents tons.

On imagine par exemple que l'interviewé a exprimé son intérêt pour une pratique. Une reformulation en écho très simple est proposée : « Vous aimez beaucoup cette pratique ». La phrase est écrite au tableau (ou sur un document photocopié) par l'animateur. Ce dernier ne doit pas lire à haute voix ce qui est écrit. Il demande aux personnes du groupe de dire sur un premier ton la reformulation à un interviewé imaginaire, puis sur un second ton et ainsi de suite. Les participants explorent de cette façon successivement différents tons.

Cet exercice est plus dynamique si les participants se trouvent debout en cercle plutôt qu'assis à une table comme ils le sont lors d'une interview. Le regard, la mimique, la gestuelle accompagnent l'expression de chaque reformulation.

Un choix de tons (sept à dix) est proposé par l'animateur. Voici quelques suggestions :

- un ton gentiment moqueur ;
- un ton approbateur enjoué ;
- un ton critique acerbe ;
- un ton inquiet (peureux, affolé, paniqué) ;
- un ton scandalisé ;
- un ton encourageant ;
- un ton inquisiteur (le ton d'un interrogatoire) ;
- un ton désintéressé ;
- un ton administratif robotique ;

| | |
|---|---|
| | – un ton fatigué ;<br>– un ton menaçant ;<br>– un ton plein de sous-entendus (caricature de mauvais « psy ») ;<br>– un ton neutre bienveillant. |
| **Commentaires** | L'animateur éventuellement rapproche ces différentes attitudes des sept attitudes répertoriées par Porter* : a) jugement, b) soutien, c) enquête, d) fuite, e) suggestion, f) interprétation, g) compréhension neutre. |

*Voir Les Attitudes de Porter dans le Livret du Formateur.

| **Objectifs** | Vérifier par l'écoute que l'on traduit en soi-même le sens que l'autre veut transmettre, avant d'aller plus loin dans la discussion et le faire savoir. |
|---|---|

Faire valider par l'interlocuteur la compréhension que l'on a de ce qu'il a dit, ou le faire réexpliquer.

Comparer l'évolution du traitement d'un désaccord ou d'un débat contradictoire :

– avec une réponse immédiate (ce qui est le cas habituellement) ;

– avec une réponse différée, après écoute, reformulation fidèle et validation de la compréhension par l'interlocuteur.

S'entraîner :

– à être attentif aux nuances de ce que l'on entend ;

– à exiger une écoute et une compréhension fidèle.

S'entraîner à la « gymnastique mentale » que requiert la concentration permanente de compréhension de ce qui a été dit, avec ici, preuve apportée de ce qui a été retenu et compris.

**Matériel**      Aucun.

**Durée**      1 h à 1 h 30.

**Déroulement**      **1ʳᵉ phase : Démonstration préalable par l'animateur**

Il est utile, pour bien montrer l'exigence de vérification de la fidélité de la reformulation, que l'animateur fasse une démonstration préalable avec deux membres du groupe, ou avec un membre du groupe et lui-même. On se met d'accord sur un sujet qui suscite des désaccords !

L'un des deux commence la discussion. Cela peut durer environ 5 minutes, le temps de bien installer :

– le réflexe de **reformulation préalable**. Souvent il arrive que le participant oublie et ait envie de répondre tout de suite ;

– l'exigence de **fidélité complète**. Il peut arriver aussi que l'interlocuteur soit très indulgent, ou même, qu'il ne se rende pas compte que sa propre parole a été déformée par ajout d'éléments non dits, oubli d'éléments ou modification de termes significatifs ;

   – le **droit d'interrompre l'autre**, si l'on sent que l'on ne retient plus ce qui a dit.

**2ᵉ phase : Choisir des sujets sur lesquels on est en désaccord**

Cet exercice de reformulation est d'autant plus intéressant à réaliser qu'il réunit des groupes de deux personnes qui sont en vrai désaccord par rapport à leurs convictions. Ceci sur des sujets de « désaccords classiques » (la peine de mort, l'avortement, l'interdiction des voitures dans les centres villes, l'euthanasie...) ou relevant de l'actualité politique, économique, sportive, artistique (pour ou contre l'intervention extérieure dans des pays en guerre civile, dans des pays dictatoriaux, pour ou contre le droit de vote aux immigrés dans les élections locales, l'énergie nucléaire, le niveau illimité de rémunération des sportifs de haut niveau, d'artistes, de cadres...).

Afin de coller au mieux avec le public qui compose le groupe, l'animateur invite à un remue-méninges pour lister le plus grand nombre de sujets (professionnels / personnels / politiques / artistiques / économiques / sportifs / esthétiques etc.) sur lesquels des membres de ce groupe peuvent être en désaccord entre eux.
Les sujets sont listés au tableau, au milieu, avec une colonne vide à gauche, l'autre à droite de la liste des thèmes. Par exemple l'une à gauche « PLUTÔT POUR », l'autre à droite « PLUTÔT CONTRE » (ou, si l'on préfère « PLUTÔT POUR AUTRE CHOSE). Car, au fond, chaque fois que nous formulons dans le langage un « contre » quelque chose, cela correspond en fait à un « pour autre chose ». L'animateur invite les participants à choisir des thèmes qui correspondent à leur avis. Il essaye alors de regrouper par deux, des personnes d'avis différents. Il peut aussi proposer des groupes de trois en y ajoutant un observateur garant des règles ci-dessous.

**3ᵉ phase : Échanger et discuter en vérifiant au fur et à mesure la compréhension réciproque du désaccord.**

Les participants par groupes de deux (avec l'observateur éventuel légèrement en retrait) s'installent face-à-face. L'un des deux (n'importe lequel) commence la discussion. L'autre lui répond après avoir reformulé fidèlement la pensée exprimée et obtenu l'accord sur la reformulation. Et ainsi de suite... Chacun reformule avant de répondre de manière à ce qu'ils se prouvent la compréhension réciproque de leurs propos, tout en avançant dans le traitement de leur désaccord. L'animateur donne les deux règles suivantes.

**RÈGLE 1 - LA RÈGLE DU « SI JE COMPRENDS BIEN... EST - CE BIEN CELA ?»**

a) L'interlocuteur « **restitue** » ce qu'il a compris de l'argument de manière fidèle :
– sans enlever (des éléments significatifs) ;
– sans ajouter (ce qui n'a pas été dit) ;
– sans modifier (ce qui a été dit).

b) L'interlocuteur « **questionne l'autre** » à la fin de sa reformulation sur sa bonne compréhension : « Est-ce bien cela ? », « C'est ça ? » « Ai-je bien compris ?», « Oui ? »...
Il y a alors deux possibilités :
    1. « **Oui**, c'est bien cela »,
    l'interlocuteur alors reprend la discussion et lui répond : « Pour moi... »

    2. « **Non,** ce n'est pas cela » ?
    ou « Ce n'est pas tout à fait cela »,
    ou « Tu as oublié de dire que... »,
    ou « Je n'ai jamais dit que... »,
    ou « J'aimerais préciser que... »,
    ou « Je ne suis pas sûr que tu aies bien compris »,
    dans ce cas, celui qui a écouté et reformulé questionne : « En quoi ? » si la réexplication n'est pas faite spontanément. Il écoute et reprend, rées-

saye, en terminant de nouveau par « Est-ce cela ? », jusqu'à obtenir un « Oui ». C'est seulement alors qu'il peut répondre.

**RÈGLE 2 - LE DROIT D'INTERROMPRE, POUR REFORMULER, SI ON A L'IMPRESSION DE NE PAS POUVOIR MÉMORISER CE QUI EST DIT**

L'écoutant ne peut plus facilement mémoriser au bout d'une à deux minutes de paroles les mots-clés de ce qui est dit. Il est important qu'il ait **le droit d'interrompre pour reformuler** ce qu'il a compris jusque-là, **faire valider** sa reformulation et inviter son interlocuteur à continuer son argumentation. Il reformule ainsi en plusieurs séquences. Quand l'autre n'a plus rien à dire, il répond. L'animateur, selon ce qu'il observe de l'implication des participants et de l'intérêt de cet entraînement pour eux, fait durer le temps de l'échange de 15 minutes à 1 heure environ. Ceux qui ont fini avant les autres deviennent observateurs des sous-groupes restant en activité.

L'animateur passe d'un groupe à l'autre pour voir si les consignes sont bien intégrées. Lorsqu'il y a un observateur, c'est aussi sa mission. **L'observateur est garant des règles.**
Rappelons que, selon le temps disponible et l'objectif, l'animateur peut choisir des groupes de deux sans observateur, ou de trois (ou plus) avec observateur(s). Dans ce dernier cas, parallèlement au rôle d'observateur, il est utile que celui-ci rappelle aussi les règles (entre autres **la reformulation avant de répondre, le questionnement en fin de reformulation sur la conformité de ce qui a été dit**).

Dans le cas de ces groupes de trois personnes, avec un observateur, les rôles tournent. Après un premier échange à deux (15 à 20 minutes), les participants choisissent un nouveau thème qui convient à l'observateur qui devient participant avec l'un des deux autres.

Des groupes finissant avant les autres, l'animateur aussi propose aux sous-groupes d'échanger entre eux sur ce qu'ils viennent de faire. ou alors reprend l'ensemble de ces arguments en grand groupe.

**4ᵉ phase : La synthèse**

EXEMPLES DE QUESTIONS DE SYNTHÈSE

– Cela valait-il la peine de faire cette expérience ?
– Qu'est-ce que cela peut apporter ?
– Comment cela s'est passé entre vous :
  • règles respectées ?
  • facilités et difficultés : difficultés de mémorisation, fidélité de la reformulation, difficultés à écouter et vouloir penser en même temps à sa réponse, compréhension différente de l'autre à travers ses arguments reformulés, évolution du désaccord... ?
– climat : malaise ou aisance (ennui de la reformulation, satisfaction par l'exigence de compréhension réciproque...) ?

L'animateur ajoute un apport didactique si celui-ci n'émerge pas du groupe lui-même.

**Commentaires**

Cette pratique attire des commentaires variables :
– La surprise d'une **fatigue** liée à la **concentration** pour très bien écouter et fidèlement reformuler une révélation sur une technique permettant de **se rapprocher tout en affirmant ses convictions différentes** ;
– une arrivée parfois à un **consensus inattendu**, en prenant les bonnes idées, perçues comme justes, des uns des autres ;
– une **difficulté de mémorisation** ou de **réexpression fidèle** ;
– un **sentiment de perte de sa capacité de réponse** (tellement on est concentré sur ce que dit l'autre) ;
– un **sentiment de perte de la passion** (dans le comportement contre l'autre) puisqu'on reste « avec » l'autre, même dans le désaccord.

Dans certains groupes, cette pratique est un tournant : elle installe durablement un climat d'écoute réciproque ou en tout cas, la croyance en ce climat lorsqu'on en institue les règles (ici, données par l'animateur en tant que pouvoir les instituant le temps de la formation).

Parfois il arrive que des participants soient résistants à reformuler systématiquement. Ils ont plus envie de répondre. L'animateur leur rappelle alors qu'il s'agit d'un entraînement quasi sportif : de gymnastique mentale. On ne leur suggère pas de faire cela systématiquement partout, mais d'expérimenter une fois dans leur vie (15 à 45 minutes) un entraînement en continu.

**Variantes**

Pour pousser l'entraînement, l'animateur organise à trois, trois débats :

| | |
|---|---|
| A – B | C, observateur |
| A – C | B, observateur |
| B – C | A, observateur |

Autre variante possible, la prise de notes au cours de l'écoute.
Il a été le plus souvent proposé de réaliser cet entraînement sans prise de notes écrites. Mais il est aussi possible de le faire avec. Contrairement à ce que l'on peut penser cela ne rend pas nécessairement les choses plus faciles.

| | |
|---|---|
| **Objectifs** | Sensibiliser les participants à la façon dont se font les échanges en réunion et à la tendance d'y faire se juxtaposer des monologues.<br>S'entraîner à l'écoute et à la reformulation. |
| **Matériel** | Un ensemble caméscope-magnétoscope. |
| **Durée** | Une heure environ. |
| **Déroulement** | L'animateur propose au groupe d'échanger sur un sujet dans le cadre d'une réunion. Le thème est un sujet d'actualité du moment ou une question qui concerne le groupe (questions professionnelles, activités d'une association d'étudiants...).<br>Il est souhaitable que la réunion ne comporte pas plus de douze participants. |

L'animateur veille à ce que quelques membres du groupe ne participent pas aux échanges et jouent le rôle d'observateurs.

**1$^{re}$ phase**

La réunion se déroule sans que l'animateur donne une quelconque consigne sur les modalités de prise de parole. Elle dure environ un quart d'heure. Elle est filmée. L'animateur et les observateurs, en retrait, prennent des notes sur les différentes interventions en se centrant sur les attitudes des participants.

**2$^e$ phase**

Une fois la réunion terminée, l'animateur invite les participants à donner leurs impressions sur :
– la manière dont ils ont le sentiment d'être intervenus ;
– la prise en compte par chacun des interventions des autres ;
– le sentiment qu'ils ont eu d'avoir été ou non écoutés.

Il fait un premier bilan de ces échanges.
Il sollicite ensuite les commentaires des observateurs.

**3ᵉ phase**

Le film de la réunion est présenté aux membres du groupe et sont commentées au fur et à mesure les attitudes développées par les participants pendant la réunion.

L'animateur attire l'attention sur certains points dont nous donnons quelques exemples ci-après :

– un participant coupe la parole à un autre ;

– un participant reprend une idée évoquée un certain temps auparavant sans la rappeler ;

– deux participants bavardent pendant qu'un autre parle ;

– un participant introduit ses propos par l'énoncé d'un jugement péjoratif sur des propos antérieurs ;

– un jugement est porté sur une personne indépendamment du contenu de son intervention ;

– certains participants expriment leur point de vue en lui donnant une apparence de « vérité générale » (usage du « on » au lieu du « je », affirmation ) ;

– des participants « prennent le pouvoir » en s'exprimant de façon péremptoire.

L'animateur relève et valorise les points positifs de la réunion qui témoignent d'une attitude d'écoute et / ou favorisent une synergie.

Selon la capacité d'attention du groupe, il visionne tout ou partie de la réunion.

**4ᵉ phase**

À partir de cette expérience, l'animateur fait une synthèse des commentaires et critiques formulés autour de l'écoute en réunion.

Puis il propose de démarrer une nouvelle réunion, soit en reprenant le même thème s'il n'a pas été épuisé, soit sur un nouveau thème.

Il impose la consigne suivante :

« Chaque fois qu'un participant prend la parole, il reformule les propos énoncés avant lui s'il y répond directement (« Untel vient de dire que… et que… ; par rapport à cela je voudrais dire que… »). S'il se réfère

à des idées émises plus tôt, il resitue par rapport à quels propos il s'exprime (« tout à l'heure, untel a expliqué...proposé...dit que..., je voudrais revenir là-dessus et répondre...préciser... »).
Il insiste sur la reprise systématique des propos immédiats ou antérieurs, même si que ce mode d'expression apparaît comme une mécanique.

La nouvelle réunion est filmée et les résultats sont commentés.

**Commentaires**

Les « exemples » de réunion proposés par la télévision servent souvent de référence aux participants et il est difficile de leur faire accepter que celles-ci ne soient pas des modèles. Chercher à prendre le pouvoir, à piéger l'autre, à critiquer sans construire, sont des objectifs valorisés et l'animateur est amené à « justifier » ses orientations.

Cet exercice permet de mettre en lien l'écoute et le questionnement, l'écoute et l'argumentation, l'écoute et l'explication.

Cet exercice est centré sur la prise de parole en réunion mais n'intègre pas la formation à l'animation de réunion, qui implique un apport didactique et une attention plus particulière au comportement de l'animateur.

**Variantes**

Lorsque le groupe est important (notamment un groupe classe en milieu étudiant) la première phase implique, différemment les participants.
Le groupe est séparé en deux ; une moitié des membres participe à la réunion, l'autre a une fonction d'observation. L'animateur s'isole quelques minutes avec les observateurs et assigne à chacun d'eux une personne dont il note les interventions et ses propres commentaires sur celles-ci. Il n'informe pas les participants de cette modalité d'observation « ciblée ».
Après la réunion, il sollicite les observateurs en précisant bien qu'il s'agit de mettre en évidence des attitudes dans la prise de parole en réunion, et non de porter un quelconque jugement sur les personnes ou

le contenu de leurs propos. Il est vigilant sur la forme que prennent les comptes rendus d'observation.

Dans le cas où le groupe est ainsi séparé en deux, les observateurs sont les participants de la seconde réunion (avec reformulation) et les participants de la première réunion deviennent observateurs.

| | |
|---|---|
| **Objectifs** | Associer écoute et reformulations-synthèses dans des situations d'échanges en groupe. Développer la pratique de la synthèse dans la conduite de réunion et dans la participation aux réunions. |
| **Matériel** | Un matériel d'enregistrement et de projection audiovisuel. |
| **Durée** | Une heure par groupe d'environ 10 personnes. |
| **Déroulement** | **1ʳᵉ phase : La préparation de la réunion** |

L'animateur présente les modalités de l'exercice :
les participants se mettent en situation de réunion autour d'un thème qu'ils ont choisi. L'un d'entre eux occupe la fonction d'animateur.
À certains moments de la réunion, sur l'incitation de l'animateur-formateur, l'animateur de la réunion ou le participant sollicité a à faire une synthèse des échanges ; chacune des synthèses prend comme point de départ la synthèse précédente.
La réunion est filmée.

Si le groupe comporte un effectif supérieur à douze personnes, il est souhaitable de le scinder en deux et de prévoir deux réunions. Dans ce cas, le sous-groupe non intégré dans la réunion est observateur.

Les participants choisissent le(s) thème(s) de la réunion ; sur un sujet d'actualité, un problème commun, une éventuelle décision qui concerne les membres du groupe...

**2ᵉ phase : La réunion avec reformulation-synthèse**

L'animateur de la réunion introduit les échanges, laisse les participants s'exprimer, distribue la parole. À des moments où il le juge opportun compte tenu du contenu des échanges, de la dispersion des interventions, de l'épuisement d'un thème etc., l'animateur-formateur enjoint à l'animateur de la réunion, ou à un participant, de faire la synthèse de ce qui a été dit en précisant éventuellement le point de départ de celle-ci. À

ce moment, les participants à la réunion, puis les observateurs, commentent cette synthèse en précisant les oublis, distorsions, interprétations...
Puis la réunion reprend à partir d'une nouvelle reformulation-synthèse de l'animateur de la réunion.

**3ᵉ phase : L'analyse à partir de l'enregistrement**

Le groupe visionne certains moments de la réunion que l'animateur-formateur juge pertinents par rapport à ses objectifs. Pour mener à bien cette exploitation de l'enregistrement, il veille à noter sur l'appareil d'enregistrement le numéro de compteur correspondant aux moments qu'il souhaite visionner.
Il ne s'agit pas ici de porter un jugement péjoratif sur les participants qui ont fait des synthèses imparfaites mais de chercher, en groupe, les reformulations les plus adéquates.

Si l'effectif du groupe amène à renouveler cet exercice, il est souhaitable de faire une pause entre les deux réunions.

**Commentaires**

Cet exercice qui permet à la fois d'entraîner les participants à pratiquer l'écoute en réunion, et à faire des synthèses, peut être mis en œuvre dans la formation à la conduite de réunion.
Il est enrichi par un repérage systématique des éléments qui compromettent la qualité de la synthèse : jugement de valeur, reformulation partielle ou partiale, polarisation sur le point de vue auquel on adhère, interprétation, etc.

**Variantes**

Au lieu de solliciter une seule personne pour faire la reformulation-synthèse, l'animateur suspend les échanges et demande à chacun d'écrire la synthèse qu'il propose à ce moment précis.
Dans ce cas, la réunion dure un quart d'heure environ ; une fois celle-ci terminée, l'animateur passe l'enregistrement, arrête au moment des synthèses, et demande aux participants de lire leurs propositions et de les commenter *a posteriori*.

# L'ÉCOUTE DANS L'ENTRETIEN
## « NON-DIRECTIF » ET « SEMI-DIRECTIF »

| | |
|---|---|
| **Objectifs** | Permettre aux participants de vivre et d'observer les attitudes développées par l'interviewer dans le cadre d'un entretien « non directif » (voir Livret du Formateur). Utiliser l'entretien « non directif » comme situation privilégiée pour travailler sur l'attitude d'écoute (voir commentaires fiche 55). |
| **Matériel** | Un ensemble caméscope-magnétoscope ou, à défaut, un magnétophone puissant. |
| **Durée** | Une heure. |
| **Déroulement** | **1$^{re}$ phase** |

L'animateur explique le protocole de l'exercice. Un des participants en interviewe un autre devant le groupe sur un thème convenu entre les deux. Il ne s'agit pas d'un jeu de rôle, donc pas d'une simulation, mais d'un véritable entretien sur un sujet qui fait appel à l'expérience de l'interviewé (ses études, son travail, ses projets, ses loisirs, sa vie quotidienne, sa position par rapport à des questions d'actualité ou à des sujets tels que la religion, l'éducation, la famille...). L'interviewé n'est pas soumis à un « jeu de la vérité », et comme dans tout entretien, reste libre de ses propos.

L'interviewer est invité à pratiquer relances et reformulations (voir Livret du Formateur), et à éviter toute attitude qui ne relève pas de l'écoute « empathique ». Les autres participants, observateurs, notent les interventions de l'interviewer et leurs remarques sur les attitudes mises en œuvre.

Le but est de se centrer sur la pratique de l'interviewer et, en aucune façon, sur le contenu des propos de l'interviewé.

L'entretien dure environ un quart d'heure et est filmé ou enregistré.

Après cette présentation et un rappel sur la pratique de l'entretien « non directif » fondé sur l'attitude d'écoute, l'animateur fait appel à deux volontaires pour le premier entretien. Ceux-ci se mettent d'accord sur la place de chacun (interviewer / interviewé) et définissent le thème.

L'animateur prend à part l'interviewé et lui donne la consigne de s'arrêter de temps en temps dans son discours, de façon à mettre l'interviewer dans la nécessité de faire des reformulations et des relances.

### 2ᵉ phase

L'interview se déroule et l'animateur prend des notes. Si la disposition dans l'espace le permet, il note à partir du compteur du caméscope ou du magnétophone, les moments qui lui semblent particulièrement significatifs, notamment ceux où l'interviewer intervient, ce qui évite d'avoir à repasser l'entretien intégralement.

### 3ᵉ phase

Au terme de l'entretien l'animateur recueille les réactions de l'interviewé :
Comment s'est-il « senti » écouté ? A-t-il eu l'impression de parler selon sa logique propre, ou a-t-il été orienté par l'interviewer ? Etc.
Il demande ensuite à l'interviewer de s'exprimer sur son expérience :
A-t-il eu des difficultés ? De quel ordre ? Qu'est-ce qui se « passait » dans sa tête pendant l'entretien ? Etc.
Il sollicite ensuite les commentaires des autres participants, observateurs, sur la façon dont a été mené l'entretien :
Les reformulations et les relances leur ont-elles semblé adaptées au discours de l'interviewé ? Celui-ci a-t-il mis en œuvre des attitudes autres que l'écoute ? A-t-il été directif dans ses interventions ? Etc.
L'animateur précise de nouveau ici qu'il n'est pas question de faire un quelconque commentaire sur la teneur des propos de l'interviewé.

### 4ᵉ phase

L'animateur passe l'enregistrement de l'entretien (en s'arrêtant surtout sur les moments où l'interviewer intervient, s'il a pu les repérer).
Il analyse les interventions de l'interviewer avec les participants qui sont invités à proposer des formula-

tions plus adéquates pour celles qui ne relèvent pas d'une attitude d'écoute.

**5ᵉ phase**

Cette expérience est reproduite trois ou quatre fois selon les mêmes modalités. Il est souhaitable de varier les thèmes pour éviter qu'il y ait une incidence d'un entretien sur l'autre.

**Commentaires**

Cet exercice prend son sens après un travail sur les attitudes (voir fiches 37 et 38) et sur les méthodes de reformulation et de relance.

Il implique également que l'animateur ait introduit les notions d'entretien « directif », « semi-directif », « non-directif » (voir Livret du Formateur).

Les difficultés qu'il présente sont de plusieurs ordres.
- L'auto-désignation des volontaires est souvent difficile, le passage devant le groupe et la perspective de l'enregistrement étant des facteurs de blocage. L'animateur doit être patient et rassurant. Au besoin il suscite des « volontaires » en faisant appel à des personnes qui ont un centre d'intérêt particulier, pratiquent un sport, viennent d'un pays étranger...
- Lors des commentaires en grand groupe certains participants peuvent être tentés d'analyser ou d'interpréter les propos de l'interviewé. L'animateur doit veiller à ce risque de dérive et à ce que les discours des interviewés soient uniquement évoqués comme supports de l'intervention de l'interviewer (dans la mesure où l'interviewé a dit... la relance pouvait être...).
- Certains participants peuvent remettre en cause le bien-fondé de cette pratique de l'entretien, alors que « il est tellement plus facile de poser des questions pour apprendre ce qu'on veut savoir ». Ce type de réaction met en cause l'ensemble du projet pédagogique et demande de la part de l'animateur un retour en arrière.
- Le recours à l'enregistrement, le fait que l'entretien se déroule devant le groupe, la consigne donnée à

l'interviewé de faire des pauses dans son discours, donnent à cette expérience un caractère « artificiel » : « Dans la réalité cela ne se passerait pas comme ça ». L'animateur ne peut qu'abonder dans ce sens, mais préciser qu'il s'agit d'un exercice visant à mettre en évidence certaines difficultés liées à la pratique de l'écoute, et que l'apprentissage nécessite des mises en scène particulières.

Cet exercice constitue un démarrage à la pratique de l'écoute en général, et plus particulièrement à la formation à l'entretien « non directif ». Il utilise ce dernier comme moyen privilégié de travailler sur l'attitude de compréhension et sur la reformulation (voir Livret du Formateur : Attitudes de Porter, l'entretien « non directif »). Menée plus en profondeur cette démarche peut être mise en œuvre selon les modalités de la fiche 54 dont les commentaires précisent la portée pédagogique.

**Variante**

Faire se succéder les interviews, et ne recueillir les commentaires et mener les analyses, qu'à la fin.

210

| | |
|---|---|
| **Objectif** | Entraîner les participants à la pratique de l'écoute et au repérage des différentes attitudes en situation d'entretien « non directif ». |
| **Matériel** | Des petits magnétophones, à raison d'un pour quatre participants. |
| **Durée** | 1 h 30 à 2 h. |
| **Déroulement** | **1ʳᵉ phase : la présentation des consignes** |

L'animateur présente le protocole de l'exercice : Les participants se mettent en sous-groupes de quatre. Dans chaque sous-groupe chacun mène un entretien d'environ dix minutes auprès de l'un des trois autres, tandis que les deux qui restent sont observateurs. Les thèmes des entretiens varient d'une personne à l'autre pour éviter l'incidence des propos de l'un sur ceux de l'autre.

L'interviewer met en œuvre une attitude d'écoute.

L'interviewé veille à s'arrêter de temps en temps pour favoriser la pratique de relances et reformulations.

Les observateurs notent les interventions de l'interviewer et les remarques qu'elles leur suggèrent.

L'entretien est enregistré et l'un des observateurs relève sur le compteur du magnétoscope le numéro correspondant aux interventions de l'interviewer.

Ainsi chacun est interviewer, interviewé, et deux fois observateur.

Il est souhaitable que les entretiens ne mettent pas en jeu les mêmes binômes ; celui qui a été interviewé interviewe un membre du sous-groupe autre que son interviewer (A interviewe B qui interviewe C qui interviewe D qui interviewe A).

Au terme de chaque entretien, comme cela s'est passé dans l'entretien en grand groupe (voir fiche n° 52), chacun exprime son point de vue et fait ses remarques. Les observateurs commentent la façon dont l'entretien a été mené et aucunement la teneur des propos de l'interviewé. L'écoute de la bande sonore aux moments des interventions de l'interviewer permet de vérifier les remarques, critiques, commentaires.

Le travail en sous-groupes est suivi d'une mise en commun en grand groupe des « maladresses » relevées, des difficultés, des questions, et aussi des réussites et de l'intérêt de ce type d'entretien.

Pendant les entretiens, l'animateur « circule » d'un sous-groupe à l'autre et reste à la disposition des participants, notamment s'ils souhaitent son avis ou des compléments d'explication.

Après cette présentation de l'exercice l'animateur définit avec le groupe les thèmes des entretiens.

### 2e phase : le choix des thèmes

Le choix des thèmes d'entretien relève de plusieurs démarches selon les groupes et l'objectif de la formation.

L'animateur laisse les participants libres de choisir les thèmes dans chaque sous-groupe, l'interviewé proposant celui sur lequel il accepte de s'exprimer. Il rappelle que ce qui importe est la méthode mise en œuvre par l'interviewer et non le contenu des propos de l'interviewé.

Il peut également choisir quelques thèmes dans un échange général et le choix ultime se fait dans les sous-groupes.

Il impose parfois des thèmes qui lui semblent convenir au profil des participants.

Dans tous les cas, l'animateur évite de consacrer un temps excessif au choix des thèmes.

### 3e phase : les entretiens

Les participants travaillent dans les sous-groupes et l'animateur « circule » des uns aux autres. Si certains sous-groupes terminent avant les autres, il les rejoint et répond à leurs sollicitations. Il retient les questions abordées dans la mesure où leurs réponses peuvent intéresser l'ensemble du groupe et il y fait référence lors de la phase de bilan général.

**4ᵉ phase : le bilan**

Lorsque tous les sous-groupes ont terminé leur travail, il anime les échanges du groupe en faisant le bilan de cette expérience.

Selon ce qui émerge, il répond aux questions, apporte des explications, l'objectif étant que les participants maîtrisent à la fois les difficultés de la pratique de l'écoute dans l'entretien, et les moyens à mettre en œuvre pour y parvenir.

**Commentaires**

La première difficulté réside dans le choix des thèmes, les participants ayant davantage tendance à se polariser sur le contenu des entretiens que sur la pratique de l'entretien. L'animateur veille à ne pas se laisser entraîner dans cette voie au risque d'y perdre beaucoup de temps.

Lorsque le groupe est important, il est préférable de répartir les participants – quand c'est possible – dans plusieurs salles, le bruit des uns perturbant les autres. En outre le bruit de fond rend souvent les enregistrements peu audibles.

La consigne donnée aux interviewers de s'imposer des pauses leur donne parfois l'impression d'un entretien faussé. L'animateur rappelle là qu'il s'agit d'un exercice « en laboratoire » et que « dans la réalité » l'interviewé peut s'exprimer longtemps sans que l'interviewer ait besoin d'intervenir.

Dans la mesure où le groupe a déjà fait l'exercice de la fiche n° 52 , il est préparé à celui-ci. Cet entraînement fait partie du processus de formation à l'entretien. Il sert, en outre, de point de départ à des apprentissages complémentaires :

– poser des questions en phase avec ce qu'a dit l'interviewé ;
– donner à l'interviewé des informations liées aux attentes « entendues » ;
– développer une argumentation sur certains points évoqués...

**Variantes**

Au moment du bilan, si les binômes concernés sont d'accord, certains entretiens sont écoutés et commentés en grand groupe.

**Objectifs**

Se confronter à la mise en pratique de l'attitude d'écoute en dehors du cadre géographique de la formation.

Prendre conscience de ses aptitudes et difficultés à développer cette attitude.

Se familiariser avec les méthodes de conduite d'un entretien « non directif ».

**Matériel**

Pour chaque participant un petit magnétophone ou un dictaphone.

**Durée**

Plusieurs séances de formation (voir ci-dessous).

**Déroulement**

Cette succession de séances de travail a lieu d'être lorsque les participants sont déjà suffisamment entraînés à la pratique de l'écoute en entretien (fiches 52, 53) et que l'animateur les sent prêts à aller sur le terrain.

PREMIÈRE SÉANCE
MISE EN PLACE DU TRAVAIL SUR L' ENTRETIEN « NON DIRECTIF »

**1$^{re}$ phase : Présentation de la démarche**

L'animateur présente le déroulement du travail à venir :

Chaque participant mène un entretien « non directif », hors de la session de formation, auprès d'une personne inconnue, sur un thème choisi par l'ensemble du groupe. Si le consensus ne se fait pas facilement sur le thème, deux thèmes sont retenus à la répartition équilibrée.

Chaque entretien est enregistré (et retranscrit si la formation inclut dans ses objectifs l'analyse de contenu).

La durée de l'entretien varie de une demi-heure à une heure selon l'objectif de la formation (pratique de l'écoute ou maîtrise de la méthode d'entretien « non directif »).

L'animateur donne les consignes à respecter par tous pour la mise en œuvre de l'entretien :

- la population à interviewer est facile d'accès afin que la recherche de l'interviewé ne relève pas de la prouesse.

- L'interviewer n'a aucun lien avec l'interviewé afin que l'interview ne soit pas biaisée.
- Lors de la prise de contact l'interviewer annonce le thème d'une façon globale et sans entrer dans le détail. Il évite d'induire chez l'interviewé un contenu à développer. Il explique les modalités de l'entretien à l'interviewé afin que celui-ci, s'attendant à répondre à des questions, ne soit pas dérouté et ne se désiste pas. Il annonce l'enregistrement, garantit l'anonymat et propose une remise d'une copie de la cassette.
- L'accord de l'interviewé est total : forcer la main ou cacher les modalités compromet la qualité de l'entretien.
- Tous les participants du groupe travaillant sur le même thème démarrent l'entretien avec la même « consigne » qui a été définie avec l'animateur.

**2ᵉ phase : Choix du (des) thème(s)**

Les participants sont invités à proposer des thèmes d'entretiens et une population concernée. Les choix dépendent de la composition du groupe, de l'âge, de la situation professionnelle... des participants. L'animateur a parfois des difficultés à susciter des propositions. Si c'est le cas, il fait des suggestions. En effet, les entretiens sont l'occasion de découvrir certains métiers, d'explorer des thématiques comme l'engagement associatif, la pratique sportive, religieuse, les activités pendant la retraite, l'éducation des enfants, etc.

Une fois le(s) thème(s) et la population à interviewer choisis, l'animateur élabore avec le groupe :
- le protocole, c'est-à-dire les propos par lesquels l'interviewer présente le cadre dans lequel va se situer cet entretien, le thème global qui justifie la sollicitation, et le déroulement (durée, méthode « sans questions », enregistrement) aux éventuels interviewés ;
- la « consigne » de départ, c'est-à-dire la façon dont l'interview est démarré (par exemple : « Monsieur ou Madame, vous êtes – nom du métier –, j'aime-

rais que vous me parliez de vos activités », « Vous m'avez dit que vous pratiquiez – telle religion, tel sport, telle activité artistique, etc. –, j'aimerais que vous m'en parliez »).
– Un questionnaire court à poser à l'interviewé à la fin de l'entretien dans le but de recueillir quelques données objectives susceptibles de faciliter sa compréhension (par exemple : pour un entretien sur un métier, l'âge, les diplômes ou la formation, les étapes de la carrière, les projets, la situation du conjoint, la composition de la famille, les horaires de travail, etc.).

### 3ᵉ phase : La formulation des représentations

Une fois le(s) thème(s) des entretiens choisi(s), l'animateur demande aux participants de mettre à jour leurs propres représentations. Il les répartit en sous-groupes où chacun est « écouté » par les autres avec des questions telles que « Qu'est-ce que je m'attends à trouver dans les entretiens ? », « Comment est-ce que je me représente (la population interviewée) ?» Il s'agit, en effet, de « se libérer » de ses représentations pour être le plus disponible possible à l'écoute de l'interviewé.

### 4ᵉ phase : Les consignes de travail individuel sur l'entretien

L'animateur fixe avec le groupe une date pour laquelle tous les participants doivent réaliser leur entretien et leur demande de rédiger un compte rendu de leur expérience autour des points suivants :
– Comment ai-je trouvé mon interviewé ? Comment la prise de contact et l'annonce du protocole se sont-elles passées ?
– Dans quel contexte spatio-temporel s'est déroulé l'entretien ? Quelles incidences celui-ci a-t-il eu sur le déroulement de l'entretien ?
– Comment ai-je perçu mon interviewé ? Qu'a-t-il manifesté ou exprimé par rapport à ma démarche d'écoute ?
– Comment ai-je vécu cette situation d'entretien ? Que se passait-il en moi ?

– Comment ai-je mené l'entretien ? Cette question implique une analyse critique de chacune des interventions de l'interviewer.

Ce compte-rendu se termine par un bilan sur cette expérience personnelle de l'écoute et de l'entretien « non directif ».

DEUXIÈME SÉANCE
LE BILAN DES EXPÉRIENCES DE L' ENTRETIEN

**1ʳᵉ phase : L'entretien rapporté**

À la date prévue, les participants sont invités à s'exprimer sur la façon dont ils ont mené et vécu leur entretien. Cette expression se fait dans le cadre d'un échange le plus libre possible au sein du groupe, sous la conduite de l'animateur.
Il est important que les réussites et les conditions qui les ont permises s'expriment autant que les difficultés rencontrées.
Dans ce bilan, l'animateur relève des formulations telles que :
– « j'aurais voulu qu'il (elle) me parle de... » ;
– « je ne m'attendais pas à ce qu'il (elle) développe... » ;
– « j'avais envie de poser des questions sur... » ;
– « il (elle) était hors sujet » ;
– « j'avais peur du silence et de ne pas arriver à relancer » ;
– « je m'étais polarisé sur un terme et je n'écoutais plus la suite. » ;
– etc.

L'analyse de ces formulations permet de mettre en évidence, concrètement, la place de la subjectivité dans l'écoute de l'autre, et de réfléchir sur les conditions d'une écoute la plus réussie possible.

**2ᵉ phase : À la rencontre de la diversité**

Les participants sont réunis en sous-groupes de quatre. Si le groupe a travaillé sur deux sujets d'entretien, les sous-groupes sont organisés autour du même sujet.

Chacun expose, au sein de son sous-groupe, la dominante de son entretien, les thèmes abordés par son interviewé, ceux qu'il a abondamment développés et ceux qu'il a esquissés. Un des participants prend en note ces bilans.

Au terme de ces présentations un compte rendu destiné à être rapporté en grand groupe est préparé autour des points suivants :
– les thèmes abordés par tous ;
– les thèmes abordés inégalement ;
– les spécificités du discours de chaque interviewé.

Une fois le travail des sous-groupes terminé, l'animateur recueille les différents rapports, inscrit sur un tableau les résultats du recensement des thèmes abordés.

Il demande aux participants de mettre ce bilan en regard avec leurs représentations antérieures à l'entretien.

À partir de ces données il mène avec le groupe une réflexion sur les apports de l'entretien « non directif » dans l'exploration d'un thème

**Commentaires**

Pour une bonne conduite du travail, il est préférable qu'il n'y ait pas plus de deux thèmes d'entretiens dans le groupe.

C'est un travail de longue haleine, qui mobilise beaucoup les participants. Il est important qu'ils soient motivés et donc en comprennent le sens. En outre, même si du point de vue de l'animateur, le thème de l'entretien n'est qu'un prétexte pédagogique, il doit intéresser les participants qui vont consacrer du temps à ce travail.

**L'entraînement à l'entretien « non directif » est un moyen de mettre les participants dans une situation « condensée » d'écoute.** En position d'interviewer, chacun est confronté intérieurement aux difficultés associées à l'écoute de l'interlocuteur : la nécessité de concentration, la maîtrise physique de ses réactions, la recherche d'un comportement gestuel traduisant la disponibilité bienveillante, la peur du silence, le désir d'interrompre, de questionner, de renchérir, de polémiquer, la crainte d'un « hors sujet »..., et également le désir de parler de soi, de se raconter, de créer un échange. Le caractère dissymétrique des positions de l'interviewer et de l'interviewé met l'accent sur la dimension de l'écoute et de ses exigences.

Nous concevons donc en premier lieu le travail sur la « non-directivité » comme un apprentissage le plus complet possible de la pratique d'une écoute compréhensive. Il est donc essentiel que les participants comprennent cet objectif afin qu'ils ne résistent pas aux exercices proposés en arguant du fait qu'ils n'ont pas à mener des entretiens dans leur quotidien.

Le travail peut s'arrêter à l'étude de la conduite des entretiens, il peut aussi être poursuivi par un travail d'analyse de contenu de chaque entretien. Au-delà de ce qui est dit explicitement, qu'est-ce que le langage de l'interviewé permet d'apprendre en plus ? Une telle approche s'effectue au sein d'un travail de groupe, à partir d'extraits d'entretiens, à simple titre démonstratif.
S'il s'agit d'un public pour lequel cet apprentissage est important, chaque participant analyse son entretien dans une perspective interprétative.
Le travail proposé dans la fiche n°4 permet d'aborder l'analyse de contenu.

**Variante**

Dans la phase d'exploitation des entretiens, l'animateur propose au groupe d'écouter des extraits des entretiens menés par les participants et de les commenter. Cela implique que les participants aient été invités à noter, d'après le compteur de leur magnétophone, les moments où ils sont intervenus pour que ne soient repris que des passages pertinents.

**Objectif**

Former les participants à l'entretien « semi-directif ». Les entraîner à chercher des réponses à leurs questions en respectant la logique des propos de l'interlocuteur.

**Matériel**

Un matériel d'enregistrement et de diffusion audiovisuels.

**Durée**

Au minimum une heure ; variable selon le degré d'approfondissement et l'effectif.

**Déroulement**

**1re phase : La préparation des entretiens**

L'animateur répartit les participants en sous-groupes (de 2 à 4 selon l'importance du groupe). Il explique les consignes de l'exercice.

Dans chacun des sous-groupes les participants décident d'un thème sur lequel est mené un entretien auprès d'un membre d'un autre sous-groupe.
Le démarrage de cet entretien est conçu selon les mêmes modalités que l'entretien « non directif » (voir fiche n° 54).
À propos de ce thème ils choisissent trois sujets à explorer. Par exemple, pour un thème relatif à une activité associative (« vous faites partie d'une association, j'aimerais que vous me parliez de vos activités »), les sujets à explorer sont variés : l'entrée dans l'association, les relations avec les « usagers », les compétences requises, etc.

**2e phase : La conduite d'un entretien « semi directif » devant le groupe**

Un membre de chaque sous-groupe interviewe pendant un quart d'heure un membre d'un autre sous-groupe concerné ou intéressé par le thème selon les modalités suivantes :
il démarre l'entretien en laissant à l'interviewé le choix de l'orientation de son discours. Lorsque l'un des sujets prédéfinis est abordé, il le relance, mais en veillant bien à ne pas formuler de question (« vous avez évoqué votre entrée dans l'association Lambda, j'aimerais

que vous développiez la façon dont elle s'est produite », « vous parliez de différentes tâches qui vous étaient particulièrement confiées, j'aimerais que vous me précisiez les compétences requises pour mener à bien cette tâche »).
L'entretien est enregistré.

À la fin de l'entretien les « acteurs » et les observateurs expriment leurs commentaires autour des points suivants :
– les opportunités de relances ont-elles été saisies ?
– les relances ont-elles respecté les propos de l'interviewé ?
– y a-t-il eu des questions directes ?
– l'interviewer a-t-il été à l'écoute des propos qui ne concernaient pas les sujets à explorer ?
L'enregistrement de l'entretien est repris totalement ou partiellement selon la qualité de la prestation.

### 3ᵉ phase : Les entretiens en sous-groupes

Les participants se regroupent ensuite en sous-groupes de trois, chacun ayant travaillé sur un thème différent, pour s'entraîner à la pratique de l'écoute et de la reformulation dans le cadre de l'entretien « semi directif ».
Chacun est à tour de rôle interviewer, interviewé, et observateur.
Après chaque entretien l'analyse est centrée sur la façon dont il a été mené.

### 4ᵉ phase : La mise en commun

Une fois les entretiens terminés, l'animateur invite les participants à mettre en commun leurs commentaires. C'est pour eux l'occasion d'évoquer les difficultés rencontrées, et pour l'animateur, l'opportunité d'apporter de nouveau des précisions sur l'importance à la fois, de l'écoute dans la recherche d'informations, et des apports de la relance par rapport aux questions.

**Commentaires**

Il est souvent difficile de faire comprendre la différence existante entre l'exploration d'un sujet par une relance, et la formulation de questions directes. L'animateur sensibilise les participants sur l'importance de laisser l'interlocuteur s'exprimer et de se fonder sur ses propos pour le relancer, plutôt que de le soumettre à des questions (qui traduisent surtout les orientations de celui qui questionne !).

Cet entraînement à l'entretien « semi-directif » est particulièrement recommandé pour des publics qui mènent des entretiens dans le but de recueillir des informations sur des sujets précis tout en restant attentifs aux spécificités des interviewés (chercheurs, consultants, commerciaux, médecins, recruteurs...).

# LIVRET DU FORMATEUR

Nous proposons ici des données complémentaires à l'utilisation des fiches. Nous n'y visons pas l'exhaustivité mais avons tenté de proposer des contenus en lien avec les exercices présentés.
Il n'y a pas de plan significatif dans cette partie, dans la mesure où elle regroupe des éléments hétérogènes.

Écoute et approche linguistique
Lexique de l'approche linguistique

Écoute et approche systémique
Lexique de l'approche systémique

Écoute et approche psychanalytique
Lexique de l'approche psychanalytique

Écouter les faits, les sentiments, les valeurs, les besoins

Quelles questions pour quelles réponses ?
Un exemple d'analyse de dix-huit formulations de question :
que choisir ?

Différents types de réponses

Silence plein et silence vide

Les attitudes de porter

Les différents types d'entretien
La conduite d'un entretien « non directif »
La conduite d'un entretien « semi directif »

Entrer dans l'écoute par le jeu ?

# Écoute et approche linguistique

La plupart des formations qui incluent un travail sur l'écoute font référence au « schéma de la communication » afin de visualiser les composantes de toute situation de communication.

Nous proposons une version graphique de ce schéma dont les termes sont expliqués dans le Petit Lexique de l'approche linguistique.

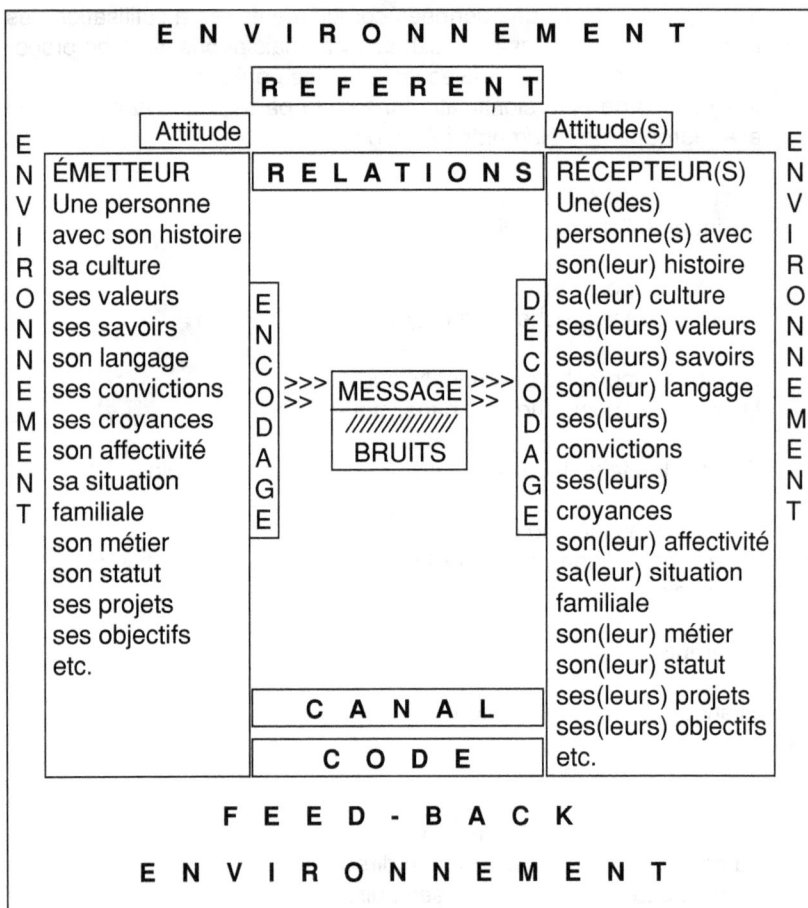

Ce « schéma » sert souvent de point de départ dans les formations ; il est un outil opérationnel pour :

- Analyser et tenter de comprendre ce qui se joue dans une situation de communication. Dans le cas de la formation à l'écoute il permet de cerner l'ensemble des variables qui contribuent à donner du sens à ce qui a été entendu / écouté.
- Produire du discours (écrit / oral / gestuel) adapté à l'interlocuteur et au contexte, pour qu'il atteigne ses objectifs (s'informer, informer, convaincre, négocier...).

L'efficacité de ces utilisations du « schéma de la communication » en formation, repose sur la capacité à saisir et maîtriser ce qui se passe en soi, à comprendre ce qui agit sur l'autre, et à combiner les différentes variables pour atteindre ses objectifs ; autant de principes rationnels à mettre en œuvre.

Ces utilisations présentent le risque d'occulter le fait que chacun communique au sein de systèmes en interaction et de masquer l'existence de processus inconscients, chez le locuteur et chez son (ses) interlocuteur(s). Les mots, les gestes, la voix, le regard renvoient à l'histoire de chacun, à son affectivité, aux traces laissées en lui par son passé, font resurgir des émotions, suscitent des associations, parlent de lui à son insu. Le « schéma de la communication » en tient peu compte et peut dériver vers une vision mécaniste de la communication.

C'est pourquoi nous avons jugé opportun de proposer un certain nombre d'exercices qui pointent ces réalités-là et nuancent les certitudes.

Les quelques notions de base de la linguistique que nous proposons dans le Petit Lexique de l'approche linguistique ci-après, aident à nommer, les unes et les autres.

# Petit lexique
## De l'approche linguistique

**BRUIT**

Facteur perturbant la communication. Le « bruit » désigne à l'origine les parasites venant brouiller la transmission d'un message. Dans un sens large, on appelle « bruit » un défaut provenant du locuteur (par exemple : débit saccadé, voix tremblante...), de la transmission (par exemple : conversation tenue par d'autres personnes à proximité, passage de voitures...), du récepteur (par exemple : rejet de certains timbres de voix, autre préoccupation que le discours entendu...). Le « bruit » désigne plus largement tout ce qui fait perdre de l'information.

Lorsque l'émetteur et le récepteur n'associent pas la même signification à un mot ou à un groupe de mots (voir dénotation / connotation), il se produit des bruits sémantiques.

Lorsque le récepteur ne perçoit pas dans le comportement de l'émetteur l'attitude que ce dernier vise à manifester (voir attitude / comportement), ce sont des « bruits d'attitudes ».

**CANAL**

Moyen par lequel un message est transmis (voix, téléphone, Internet...).

**CODE**

Ensemble de signes (graphiques, sonores, gestuels) dont un certain mode de relations permet de produire du sens et de communiquer.

Indépendamment de l'utilisation écrite ou orale du langage, on note parmi les codes : le code de la route, le morse, l'écriture musicale, les symboles comme les logos, les « smileys , etc.

Une des conditions de base de toute communication interpersonnelle est le partage d'un même code. En ce sens le code renvoie également à la langue d'un pays mais aussi à ce qu'il est convenu d'appeler le langage de spécialité (juridique, informatique...), dénommé péjorativement « jargon ».

L'opération d'**encodage** renvoie, chez l'émetteur du message, à la mise en langage de ce qu'il souhaite exprimer.

Le **décodage** renvoie, chez le récepteur, à la traduction en signification du message qu'il a reçu.

Le décalage, entre le message visé et le message transmis, relève souvent d'un mauvais encodage. Le décalage entre le message transmis et le message reçu est dû maintes fois à une non-coïncidence entre le message envoyé et le décodage qui en est fait (voir bruits).

## DÉNOTATION, CONNOTATION

Le terme de dénotation renvoie au sens collectif d'un mot, tel qu'il peut être défini dans un dictionnaire et partagé par les utilisateurs d'une même langue.

Le terme de connotation renvoie au sens que prennent un mot ou une suite de mots pour celui qui les utilise ou les reçoit et ce, en fonction des valeurs, de la charge affective qu'ils contiennent et du contexte d'utilisation. Un même terme peut avoir une connotation positive pour une personne et péjorative pour une autre.

## MESSAGE

Unité de communication (un message peut être verbal ou non verbal) qui circule entre un « émetteur » et un « récepteur ».

## REDONDANCE

Répétition d'un message sans apporter d'informations nouvelles. La redondance corrige l'effet du bruit. Dans la communication orale, la redondance est particulièrement utile pour faciliter l'écoute.

## RÉFÉRENT

Ce à quoi renvoie le contenu du message.

## RÉTROACTION

Action en « retour » ou « feed-back » du récepteur permettant à un locuteur de connaître la façon dont son message est reçu. La reformulation est un exemple de « retour ». Elle permet à la fois au locuteur et au récepteur de vérifier si le message est bien compris.

## SIGNE, SIGNIFIANT, SIGNIFIÉ, SIGNIFICATION

Ces termes et les notions qu'ils représentent ont été posés par F. de Saussure.

Le **signe** linguistique élémentaire correspondant au mot recouvre une double composante : le signifiant et le signifié.

Le **signifiant** désigne l'élément concret du signe, le son ou sa transcription écrite.

Le **signifié** renvoie au concept, à l'idée, à l'objet évoqués.

La **signification** correspond au sens que revêtent un mot ou une suite de mots compte tenu du contenu auquel ils renvoient, du contexte dans lequel ils sont employés et de ce que celui qui les emploie ou qui les reçoit y investit personnellement.

# Écoute et approche systémique
## INTERAGIR EST-CE ENCORE ÉCOUTER?

Si nous limitions la communication entre personnes à un phénomène verbal, conscient et volontaire, l'écoute serait plus facile à maîtriser. La première définition de la communication que l'on trouve dans le dictionnaire Robert est ainsi rassurante : « action de communiquer quelque chose à quelqu'un ». Les travaux de Paul Watzlawick et de ses collègues de l'« École de Palo Alto » montrent toutefois que limiter la communication à la transmission volontaire et consciente d'un message verbal, part d'une vision linéaire (relation simple de cause à effet) centrée sur le point de vue de l'émetteur ou sur celui du récepteur.

L'approche systémique de la communication conçoit la communication comme un ensemble d'interactions entre les éléments d'un système. Qu'on le veuille ou non, nous sommes alors continuellement en train de communiquer. Nos paroles, mais aussi nos gestes, notre apparence, nos silences, sont des messages. Au sein d'un système (d'une entreprise, d'une famille...), nous participons à la communication. Une autre définition du Robert , se référant au modèle cybernétique, est liée à cette nouvelle vision de la communication : « Toute relation dynamique qui intervient dans un fonctionnement ». Dans un tel système, ni celui qui écoute, ni celui qui est écouté, ne sont l'origine ou l'aboutissement de la communication.

L'écoute ne se limite pas à un ensemble de séquences simples du type « stimulus-réponse-renforcement ». Un entretien ne se réduit pas à une suite de séquences où un interviewer stimule un interviewé par une première question, l'interviewé se contentant de lui répondre et sa réponse entraînant une nouvelle question. On peut tout aussi bien dire qu'au sein de l'entretien, l'interviewé stimule l'interviewer par ses déclarations, que l'interviewer lui répond par ses questions, reformulations ou relances, ce qui entraîne un « renforcement » chez l'interviewé qui s'exprime. **Celui qui écoute et celui qui est écouté forment un « système » en interaction.**

Un entretien est aussi le lieu d'une communication non verbale. L'attitude plus ou moins consciente de l'interviewer influence profondément l'attitude de l'interviewé. Un interviewer en posture de retrait figée, un doigt posé continuellement sur la joue ou le menton, donne à l'interviewé le sentiment d'avoir en face de lui un évaluateur critique et froid. Même si l'interviewer par ailleurs, déploie tous ses efforts au plan verbal en reformulant fidèlement le discours de l'interviewé, ou en l'encourageant, la confiance est perdue, et ce dernier réagit en se fermant ou en se défendant.

L'approche systémique nous fait mieux comprendre la rareté de l'attitude de compréhension dans l'écoute. Il arrive fréquemment que, consciemment ou non, les interlocuteurs ponctuent la communication de façon à paraître avoir l'initiative. La rivalité peut ainsi conduire chacun à chercher les points faibles de l'autre pour pouvoir répliquer. Les protagonistes se livrent à un jeu de compétition où écouter l'autre, ou ne pas l'écouter, devient une tactique pour prendre l'avantage.

# Lexique de l'approche systémique

## LEXIQUE DE PRAGMATIQUE DE LA COMMUNICATION

### COOPÉRATIF
Qualifie un type de relation où les participants collaborent parce qu'ils ont le sentiment d'avoir un intérêt commun.

Une négociation intégrative, une interprétation non imposée, une écoute compréhensive, pratiquent une telle coopération (voir « jeu à somme non nulle »).

### CULTURE
Ensemble de valeurs et de règles influençant les comportements des membres d'un groupe.

Pour les membres de l'École de Palo Alto, culture et communication seraient deux modes de représentation de l'interrelation humaine, structurée et régulière. Selon Ray Birdwhistell, « dans culture, l'accent est mis sur la structure, dans communication, sur le processus ».

### DYADE
Unité élémentaire désignant la relation entre deux individus ou entités.

### ESCALADE SYMÉTRIQUE
Selon P. Watzlawick, mode de relation conflictuel où, au sein d'une dyade, aucun n'accepte de se laisser dépasser. La surenchère règne. La moindre avancée de l'un déclenche la réaction de l'autre pour affirmer son égalité.

### INTERACTION
Selon P. Watzlawick, « une série de messages échangés entre des individus ».

### JEU À SOMME NULLE / JEU À SOMME NON NULLE
Les jeux à somme nulle sont des situations où ce que gagne un joueur égale ce que perd son adversaire. Dans cette situation de rivalité pure, les interlocuteurs ont intérêt à ne pas dévoiler leurs informations et à tenter de déstabiliser l'adversaire pour qu'il dévoile les siennes. Un match de tennis ou une partie d'échecs sont des exemples de ce type de jeu.

Dans les jeux à somme non nulle, le gain et la perte ne s'annulent pas. Les joueurs ont ici intérêt à échanger des informations, à coopérer pour atteindre leur objectif. Une cordée d'alpinistes ou une équipe de sauveteurs sont dans cette situation.

### RÉTROACTION

Action en « retour » ou « feed-back » du récepteur permettant à un locuteur de connaître la façon dont son message est reçu. La reformulation est un exemple de « retour ». Elle permet à la fois au locuteur et au récepteur de vérifier si le message est bien compris.

### SYSTÈME

Ensemble d'éléments en interaction. Cette notion vient de la cybernétique. La relation entre les éléments est ici importante.

## LEXIQUE DE SOCIOLOGIE DES ORGANISATIONS

### ENJEUX

Ce que l'on peut gagner ou perdre au cours d'une action, dans une situation donnée.

### POUVOIR

Capacité d'un acteur social de faire agir un autre acteur.

### STRATÉGIE D' ACTEUR

Ensemble des choix effectués par un acteur social dans une situation pour faire face aux problèmes et atteindre ses buts.

Écouter et ne pas écouter peuvent être des choix stratégiques. Selon le sociologue Michel Crozier – auteur de « l'entreprise à l'écoute » – un comportement stratégique, logique pour un acteur social, semblera non rationnel à un observateur extérieur.

# Écoute et approche psychanalytique
## ANALYSER, EST-CE ENCORE ÉCOUTER ?

Entendons-nous, nous ne proposons pas ici une formation accélérée à la psychanalyse. Nos fiches peuvent d'ailleurs être utilisées sans se référer à l'approche psychanalytique. Nous souhaitons cependant mentionner l'intérêt – dans le cadre d'une formation à l'écoute – de quelques hypothèses psychanalytiques pouvant être utiles à tous, même aux non cliniciens. Il convient aussi de rappeler l'apport de la psychanalyse dans l'histoire contemporaine de l'art de l'écoute : elle a notamment influencé plusieurs spécialistes américains des relations humaines et de l'écoute, dont Carl Rogers.

Plusieurs obstacles conduisent souvent à écarter l'approche psychanalytique des formations à l'écoute. Tout d'abord, les concepts et les méthodes de la psychanalyse ont été élaborés dans le cadre de cures psychothérapeutiques prolongées. Sont-ils applicables hors de ce contexte ? Leur usage n'est-il pas dangereux entre les mains de personnes n'ayant pas reçu une formation approfondie? Par ailleurs, la psychanalyse a été fortement mise en question au cours des années 1980-90, notamment par certains neurologues.

La notion psychanalytique de « fonction conteneur » (voir lexique) donne à réfléchir sur les limites de ce que tout un chacun a la capacité d'écouter. Face à un interlocuteur anxieux ou agressif, chacun peut se poser la question de ce qu'il est capable de « contenir » de l'anxiété ou de l'agressivité de l'autre. Lors d'un entretien professionnel ou lors d'une réunion, nous pouvons estimer ne pas pouvoir « contenir » certains propos qu'un psychanalyste estimerait importants à écouter dans le cadre d'une cure. Il y a des choses que l'on juge bon d'accepter et d'autres que l'on refuse d'écouter dans la situation où nous sommes. Le ton et le comportement d'un interlocuteur en crise sont ainsi parfois jugés inacceptables. Le contenu même des propos peut être estimé trop personnel ou trop peu cohérent si l'on n'est pas dans une relation thérapeutique avec un patient. En outre, même dans le cadre d'un entretien ou d'un groupe thérapeutique, il est parfois estimé que le comportement violent d'un patient ne permet plus de poursuivre un travail d'écoute analytique.

Associer des problèmes actuels rencontrés par un interlocuteur avec certains évènements mal vécus dans son enfance, relève certainement d'une interprétation dangereuse hors d'une relation thérapeutique. L'« interprétation » (voir lexique) est cependant une notion intéressante qu'il est possible d'utiliser en dehors d'une cure psychanalytique. L'interprétation d'un problème d'orientation (professionnelle ou scolaire) ou d'une réticence au changement dans le cadre d'un travail, peut demander la conduite d'entretiens approfondis. Le travail d'interprétation est même utile au quotidien hors des situations de crise : comprendre en profondeur les souhaits et la motivation d'un utilisateur, d'un client, d'un collaborateur demande d'interpréter.

Interpréter, c'est aller au-delà des idées exprimées clairement et consciemment par une personne, pour tenter de trouver des liens entre ces idées et d'autres qui ne sont pas exprimées de façon manifeste, et ainsi dévoiler un sens caché. Une réaction hostile à une nouvelle technique peut par exemple cacher un problème de formation.

Est-il souhaitable de risquer avec des personnes des interprétations les mettant en cause alors qu'elles sont en train de s'exprimer ? Ces interprétations conduisent sur le champ à avoir un avis sur certaines hypothèses que l'on formule dans notre tête. Mais une personne risque d'être choquée si on lui assène une explication possible de son comportement. Même si l'explication est pertinente !

L'expérience du psychanalyste est ici éclairante. Dans la cure, le patient participe activement à l'interprétation. Pour le psychanalyste anglais D. Winnicott, la bonne interprétation est trouvée par l'analysant lui-même. L'analyste doit alors savoir résister au plaisir de fournir une interprétation « habile ». En faisant une interprétation, l'analyste s'efforce de « faire connaître au patient » les limites de ce qu'il comprend dans le cadre de l'espace symbolique de l'analyse (voir dans le lexique les notions de « jeu » – « playing » – et d'« espace transitionnel »).

Dans un entretien ou une réunion n'ayant pas un objectif thérapeutique, l'interprétation n'a pas lieu d'être psychanalytique ; le rapprochement entre les problèmes actuels et la relation personnelle aux parents n'est de ce fait pas de mise ! L'interprétation peut cependant avoir sa place, par exemple pour comprendre au-delà de l'apparence une difficulté concrète rencontrée dans la réalisation d'un travail. L'expérience clinique nous montre qu'elle doit alors être pratiquée avec prudence et, de préférence, ne pas venir de l'interviewer ou de l'animateur. L'interviewé doit être ou devenir actif dans la recherche du sens caché. Comme en analyse, la tentation intellectuelle – chez celui qui écoute – de briller, de dominer, de s'emparer du pouvoir en prenant en défaut celui qui parle, risque d'entraîner une réaction défensive, une perte de confiance ou une soumission.

# Lexique
## de l'approche psychanalytique

### AMBIVALENCE
État dans lequel coexistent des affects, des pensées ou des volontés opposés. On peut ainsi éprouver simultanément de l'amour et de la haine pour un même objet.

Une partie seulement des idées d'un interviewé sont conscientes et claires ; il est pourtant souvent nécessaire de prendre en compte les doutes, les hésitations, les ambivalences (les sentiments contraires pour un même objet).

### ASSOCIATION LIBRE
Selon Freud, « le patient doit raconter tout ce qui lui passe par l'esprit ». Cette règle consiste pour le patient en analyse à s'exprimer spontanément « en éliminant toute objection logique et affective ».

L'idée de Freud est sortie hors du cadre de la cure psychanalytique. Les surréalistes ont ainsi développé une écoute de l'inconscient à travers diverses pratiques et modes de création ; l'exemple le plus célèbre est l'écriture automatique.

### ÉCOUTE FLOTTANTE
L'« attention flottante » est un terme freudien désignant la manière spécifique dont le psychanalyste doit pratiquer l'écoute du patient. Cette attitude demande de laisser fonctionner le plus librement possible sa propre activité inconsciente de façon à permettre une écoute et une communication d'inconscient à inconscient. Selon Freud, « chacun possède en son propre inconscient un instrument avec lequel il peut interpréter les expressions de l'inconscient de l'autre ». L'« attention flottante » est le pendant de la « libre association ».

Hors du cadre psychanalytique, la pratique d'une écoute « flottante » s'est largement répandue, pour aller – au-delà du sens manifeste – en quête du sens caché d'un texte, d'une image ou d'un discours. Cette écoute est notamment utile lors d'une préenquête, d'une phase exploratoire, pour faire émerger de nouvelles hypothèses.

### ESPACE TRANSITIONNEL
L'écoute est favorisée par la création d'un lieu d'écoute. Le cabinet du clinicien, la scène de théâtre, la salle de formation… fournissent des cadres matériels. Reste à y créer un espace d'échange, un espace symbolique. Avec la notion d' « espace transitionnel », D. Winnicott propose une façon d'élaborer cet espace qui est adaptable hors du cadre d'une

cure psychanalytique. Un tel espace n'appartient pas à celui qui écoute. Dans cet espace symbolique, le sujet peut commencer à s'écouter en présence d'un autre qui l'écoute. Selon Winnicott, le sujet développe alors « sa capacité à être seul en présence de quelqu'un d'autre ».

## FONCTION CONTENEUR
Capacité d'une personne à écouter activement en acceptant de contenir l'angoisse et les projections imaginaires d'un interlocuteur afin de permettre leur transformation en sens. Selon R.Kaës, d'après W.Bion et D.Winnicott, dans des situations quotidiennes, « la fonction conteneur est exercée par quiconque accepte de recevoir activement, de contenir et de transformer les dépôts et les projections de sujets en crise ». Cette fonction demande la création d'un espace symbolique (voir « espace transitionnel »).

## INCONSCIENT
Défini tout d'abord comme substantif par Freud, l'inconscient est un lieu psychique constitué de contenus refoulés. Défini ensuite sous sa forme adjective, il désigne « tout processus psychique dont l'existence nous est démontrée par ses manifestations mais dont par ailleurs nous ignorons tout, bien qu'il se déroule en nous ». La méthode de « libre association » est une façon d'accéder aux manifestations de processus inconscients.

## INTERPRÉTATION
En psychanalyse, ce mot désigne d'abord l'acte de signification effectué par un patient dans la découverte d'un rapport entre le sens manifeste et le sens caché de ce qu'il dit. Il désigne ensuite une intervention de l'analyste visant à aider le patient à accéder au sens latent de ce qui est exprimé.

Dans la pratique de l'écoute au quotidien, l'interprétation non psychanalytique gagne, elle aussi, à ne pas être imposée. Quand elle ne vient pas de l'interviewé lui-même, elle est parfois proposée par l'interviewer qui formule une hypothèse, et cherche modestement avec l'interviewé à voir si elle a du sens pour lui. Nous pouvons parler ici d'interprétation coopérative.

## JEU (PLAYING)
Selon D.Winnicott, désigne une activité créative qui se déploie librement. Cette activité a cependant besoin d'un espace symbolique pour se déployer (voir « espace transitionnel »).

La fonction symbolique du « jeu » peut ici s'exercer à travers la reconnaissance de l'autre, permettant le développement de sa créativité. Celui qui écoute doit également lui-même être créatif. En formation, dans un tel espace de jeu, une écoute ni « questionnante », ni évaluative, aide les participants à évoluer en acceptant mieux la réalité.

## TRANSFERT ET CONTRE-TRANSFERT

Le transfert est une des notions les plus importantes de la psychanalyse ; elle a cependant reçu un grand nombre de définitions différentes. Dans la cure, le transfert désigne un processus par lequel le patient répète inconsciemment avec l'analyste des vécus infantiles, souvent douloureux. Selon Freud, « entre les mains du médecin il devient le plus puissant des instruments thérapeutiques ». Le contre-transfert désigne des réactions inconscientes de l'analyste au transfert du patient. Ces réactions peuvent être analysées (parfois avec l'aide d'un confrère), contrôlées et être à leur tour l'objet d'un travail dans la cure.

Sorties du cadre strict de la cure analytique, ces notions sont utilisées avec profit pour comprendre ce qui peut inconsciemment perturber les échanges les plus courants, dans une relation enseignant-enseigné par exemple. Un formateur à l'écoute d'un participant comprend ainsi mieux que tout sentiment de manque, tout sentiment d'agressivité, ne lui sont pas adressés personnellement et qu'il doit se méfier de ses premières réactions lorsqu'il sent se rouvrir en lui d'anciennes blessures mal cicatrisées.

# Écouter les faits, les sentiments, les valeurs, les besoins

Nous avons constaté qu'il est difficile de « tout » écouter en même temps. Peut-on avoir parfois une écoute alternée en étant plus attentif, selon les moments, à tel ou tel élément ? En liaison avec la fiche n° 14 (voir définitions dans « Objectif »), voici un exemple d'écoute et d'interprétation. Cette interprétation reste toujours à confirmer par celui qui vit la situation, en ce qui concerne ses propres perceptions.

Le récit ci-dessous est en fait plus long. Nous en reproduisons une séquence.

### Monsieur NICLAU raconte, à propos d'une tâche qu'il a exécutée

« Le chef de service, M. SUARD m'a dit :
- M. NICLAU, ce travail est bâclé et gâché. Vous ne pourrez pas rester ici. Vous auriez pu me dire que vous ne saviez pas faire cela ! Que vais-je dire au client qui vient chercher le travail dans deux heures ? Ce n'est pas rattrapable. Laissez-moi tranquille. Et on en reparlera avec M. JASMIN !

Je ressortis dans le couloir. J'étais perdu. J'étais persuadé d'avoir bien fait, puisque j'avais fait comme je faisais chez mon ancien employeur ».

### FAITS

Il suffit de reprendre de manière descriptive, tel quel ce qui a été dit ci-dessus.

### SENTIMENTS

- M. SUARD (le chef de service) : colère, déception, crainte, gêne, peur (du client).
- M. NICLAU (le narrateur) : gêne, peur (de ne pas garder son travail, du contact avec M. JASMIN), injustice, tristesse, incompréhension, révolte.

On constatera que les sentiments, « **ressentis** » intérieurs, ne sont souvent pas « nommés » par celui / celle qui parle. Mais l'écoutant les « ressent ». C'est lui qui les nomme (interprétation) et vérifie avec le parlant si son écoute l'a rapproché des sentiments éprouvés par les acteurs.

On peut alors s'« ajuster » pour situer les sentiments éprouvés qui agissent plus souvent qu'on ne le croit sur les comportements (peur → acte, colère → acte, joie → acte…).

## VALEURS

Pour M. SUARD :
- Le travail doit être **bien** fait selon ses normes. Pour des raisons non développées ici, ce travail est mal fait et trop hâtif.
- **On ne peut pas** rester dans l'entreprise (ou dans le service) quand on produit un travail comme cela.
- **Quand on ne sait pas** bien faire quelque chose, **on prévient**, on informe à l'avance.
- **Quand un client n'est pas satisfait, on doit lui** donner une **explication** qui tient la route.
- **Il est impossible de rectifier** ce travail.
- **C'est bien d'être tranquille** alors qu'on a ce type de souci.
- **C'est au chef hiérarchique** (M. JASMIN) de faire le point.

- M. NICLAU
- Ce **travail** a été **bien** fait ;
- Le **faire comme chez l'ancien employeur**, c'est **bien**.

On constatera que ces jugements de **valeur** peuvent être rapportés souvent à ce qui est perçu comme plutôt BIEN ou MAL dans la pensée des parties. La valeur est **la manière dont chacun juge un fait et lui attribue une valeur positive ou négative, en BIEN ou en MAL.** On pourrait dans tout différend établir **une échelle comparée des valeurs des parties et des faits auxquels on attribue ces valeurs.** Les parties retiennent aussi des **faits différents**, et qu'ils (dé) valorisent, comme on le voit dans une des séquences ci-dessus :
- M. SUARD est sur le fait présent du travail fait ici.
- M. NICLAU se réfère au travail fourni dans son ancienne entreprise et à ce qu'on en disait.

## BESOINS

Pour M. SUARD
Un besoin de travail « bien fait », d'information sur les dysfonctionnements, de calme, de réassurance par rapport à son client, de communication avec sa hiérarchie, de sanction.
Pour M. NICLAU
Un besoin de se retrouver, d'être reconnu consciencieux en effectuant son travail comme chez son ancien employeur.

On constatera que les besoins **B** explorent en positif les réponses aux manques constatés suite aux sentiments **S (cœur)** et aux valeurs **V (pensée)**. Ils sont orientés vers le **futur**. Ce sont les besoins qui appellent des **réponses** qui auraient autorisé, autorisent, ou autoriseraient **un mieux-être**.

**L'écoute F-S-V-B, en différenciant les éléments, permet plus facilement :**

1° de prendre conscience de **là où on en est** en s'écoutant ;

2° de prendre conscience de **là où en est l'autre** en resituant à chaque fait les S-V-B auxquels il se réfère ;

3° **d'échanger entre eux,** affinant ainsi le vocabulaire de **ce qui est écouté / entendu / compris / interprété** : Fait ? Sentiment ? Valeur ? Besoin ?

*N.B.* Il n'est pas important ici que tout le monde soit d'accord pour nommer les mêmes faits, sentiments, valeurs, besoins ; l'objectif est que chacun identifie l'existence de ces différents niveaux.

**VIGILANCE**

L'analyse des éléments ci-dessus, montre que nous sommes dans une zone entre le dit et le non-dit. Cela n'a pas été dit comme cela mais il semble que c'est cela qui s'exprime. En allant au-delà de l'écoute mot à mot, on entre dans une zone à la fois dangereuse et passionnante :

- **dangereuse :** celui qui écoute projette ses propres perceptions, telles qu'il se les traduit avec sa sensibilité, à l'intérieur de lui-même. En reformulant il croit parler de l'autre alors qu'il ne fait que parler de lui dans sa perception de l'autre. Cela reste toujours à valider. D'où l'importance évoquée de la reformulation-vérification.
- **passionnante :** celui qui écoute, découvre derrière les mots et les comportements, la richesse intérieure et la complexité de la relation humaine. Lorsqu'il prend le temps d'être attentif ainsi, mot à mot et geste par geste, au comportement de l'autre, il peut mettre à jour et offrir à l'autre comme à lui-même une variété de S-V-B humains. Ceux-ci sont souvent occultés quand la rapidité de défilement de quelques mots dans la conversation empêche de prendre le temps de se demander : « Qu'est-ce qu'il a dit ? Qu'est-ce qu'il a voulu dire ? », d'y répondre et de le questionner : « Est-ce que c'est cela que tu as voulu dire ? Est-ce que c'est cela que je peux comprendre ? » Parfois celui qui parle et celui qui écoute, vivent ensemble comme une co-découverte ce qu'il y a derrière leurs mots. En ce sens, l'écoute communicative relève d'une passion, la passion de la découverte de soi, de l'autre, ensemble.

# Quelles questions
# pour quelles réponses ?
## L' INTERACTION QUESTION-RÉPONSE

J'écoute la réponse de l'autre à ma question. C'est « sa » réponse. Suis-je conscient des mots de « ma » question et de l'influence qu'ils peuvent avoir sur la réponse de l'autre ?

La réponse aurait-elle été exactement la même si « ma » question avait été posée différemment ? Comment notre question peut-elle influencer (quelle que soit l'influence) la réponse écoutée ? Comment classer quelques types de question, éclairant leurs effets sur la réponse entendue ? En résumé peut-on être attentif à écouter et à s'écouter, tant dans les questions que l'on pose, que dans les réponses que l'on apporte ?

**EXEMPLE**

Trois questions sur un même sujet, et trois réponses différentes d'une même personne.

**Question 1 : « Qu'avez-vous à dire sur l'Italie ? »**
**Réponse : « Je ne sais pas bien »**
La personne a pu avoir le sentiment d'une chose particulière, originale à dire (qu'avez-vous), et se situe modestement.

**Question 2 : « Pourriez-vous parler de l'Italie et dire ce que ce pays évoque ?**
**Réponse : « Je me dis que l'Italie... »**
La personne a pu se sentir autorisée à parler de manière moins personnelle (parler de l'Italie), et de manière plus ouverte (ce que ce pays évoque).

**Question 3 : « Ne pensez- vous pas que sur l'Italie, il n'y a pas beaucoup à dire ? »**
**Réponse : « C'est vrai... »**
La personne a pu être véritablement « invitée » à penser d'abord comme celle qui questionne (ne pensez-vous pas que). Elle se laisse aller à cette invitation, sans le léger effort que peut représenter le fait de s'opposer à ce qui est présenté comme la pensée normale, vraisemblable, acceptable, qui devrait correspondre à la réponse.

L'intérêt de ce travail sur les nuances, est lié aux conséquences que la personne qui écoute peut tirer de l'échange. Et ceci, quelle que soit la nature de l'échange, professionnel (enquête sur le tourisme en Italie ici), social, amical, etc.

Dans cet exemple, les conclusions du questionneur sont :
– en 1 : **Elle n'a pas grand-chose à dire ;**
– en 2 : **Elle a beaucoup à dire ;**
– en 3 : **Elle pense comme moi qu'il n'y a pas beaucoup à dire.**

Comment analyser alors « la réalité » de la personne ? D'où la vigilance par rapport à sa propre écoute : de ses propres questions en interaction avec les réponses écoutées.

On peut classer les questions en plusieurs catégories. Voici douze types de question, issus de classifications connues et fréquentes dans les études par questionnaire, et d'observations que nous avons pu faire.
Il est usuel de présenter les différents types de question autour de la classification suivante : questions fermées, à choix multiple, ouvertes.

## 1. QUESTION FERMÉE

Elle appelle un choix entre deux réponses possibles. C'est la pensée binaire (choix entre deux possibilités) qui la guide.
**Question :** « Aimez-vous les spaghettis ? »
**Réponse :** « Oui » ou « Non ».
Certes la personne peut répondre autre chose :
« J'en ai mangé en Italie et ce n'est pas pareil », « Beaucoup », « C'est lourd », « J'adore »... **Mais la structure de la question invite à un choix entre deux réponses** (Aimez-vous ? = oui ou non). La personne questionnée a tendance à se laisser guider par la question, choisir l'une des deux alternatives. Alors que, sollicitée par une autre question, elle apporterait de nombreuses nuances entre le « oui » et le « non ».

## 2. QUESTION À CHOIX MULTIPLE

Elle appelle un choix entre plusieurs réponses possibles, sans se borner à deux (trois, quatre, cinq réponses...). C'est la même réflexion qu'elle suscite. Ce type de question reste une « fermeture », limitée aux possibilités indiquées.
**Question :** « Qu'aimez-vous plutôt commander dans un restaurant : Poisson ? Viande ? Pâtes ? ou Pizza ? »
**Réponse :** « Viande »
Souvent adoptée par rapidité, la question à choix multiple permet un classement statistique. Elle peut comporter une alternative « Autre », qui la rapproche du type suivant, ouvert.

## 3. QUESTION OUVERTE

Elle appelle un grand nombre de réponses possibles, ouvertes au choix de la personne qui répond. Elle peut être plus ou moins développée.

Les **questions** sont par exemple : « Comment pourriez-vous composer le menu pour après-demain soir ? », « Que suggéreriez-vous pour développer le tourisme français en Italie ? », « Pourquoi choisissez-vous l'Italie plutôt qu'un autre pays ? », « Si vous associez les termes qui caractérisent l'Italie, lesquels vous viennent à l'esprit ? »

Les **réponses** multiples sont au gré de chacun.

Ce type de question pose un problème d'exploitation statistique. La multiplicité des réponses possibles implique de trouver, après en avoir pris connaissance, des éléments communs qui permettent de les classer dans des catégories bien définies.

À la question concernant le développement du tourisme français en Italie le classement des réponses s'effectuerait par exemple autour de : la publicité TV, la publicité journaux, les échanges culturels entre les écoles et les universités, les offres promotionnelles, etc.

Cette classification « classique », si elle rend compte de la structure des réponses, a la possibilité d'être étendue à d'autres caractéristiques qui conditionnent les réponses obtenues. Nous proposons ci-après quelques autres classifications qui peuvent concerner les trois types de questions présentées ci-dessus.

## 4. QUESTION PRÉCÉDÉE D'UNE MISE EN SITUATION PRÉALABLE

Parfois AVANT de poser sa question, la personne rappelle le contexte dans lequel elle s'inscrit pour que celle qui répond, situe sa réponse par rapport à la situation évoquée.

**Question :** « La sécheresse a duré deux mois d'affilée dans le Centre cette année. Quelles mesures prévoyez-vous pour l'été prochain ? »

Dans les exemples ci-après, la réponse sera différente à la fois, selon l'existence ou non d'une mise en situation préalable, et la forme d'expression de celle-ci.

### Exemple 1

**Question a :** « L'élargissement de l'Europe, la libre circulation aux frontières et l'existence de l'euro comme monnaie commune, vont développer les échanges dans le futur. **Comment situez-vous l'évolution du tourisme en Italie les prochaines années ?** »

**Question b :** « Un grand nombre de personnes de différents pays ont déjà visité l'Italie. Le tourisme y est très développé. **Comment situez-vous l'évolution du tourisme dans ce pays les prochaines années ?** »

Ces deux mêmes questions n'obtiendront sûrement pas les mêmes réponses.

**Exemple 2**
**Question a :** « M. X a maintenant 73 ans. Il est veuf et ses amis sont décédés. Ses enfants habitent Tourcoing, à 500 km. **De votre point de vue comment peut-il organiser sa vie maintenant ?** »
**Question b :** « M. X a maintenant 73 ans. Il a sa maison et a toujours habité ici. **De votre point de vue comment peut-il organiser sa vie maintenant ?** »
Là encore, les **questions** sont **identiques**, seules les mises en situation préalables sont différentes, qui vont conduire à des **réponses** elles aussi différentes.

## 5. QUESTION PRÉCÉDÉE D'UNE RAISON D'ÊTRE DE LA QUESTION

Ce sont les préalables motivant une question :
« Si je vous pose cette question c'est que..., c'est parce que... »
« J'aimerais vous poser une question pour mieux comprendre si..., parce que je suis sceptique sur..., parce que je rencontre trop de gens qui..., et me demande si vous... »
« Je me demande comment quelqu'un peut penser que..., et vous... ? »
« Je voudrais que vous vous sentiez très libre de répondre ou non à ma question. Je ne voudrais surtout pas vous embarrasser. Pensez-vous que M.... »

La motivation de la question exprimée juste avant ou juste après celle-ci, l'influence : elle peut surprendre, mettre à l'aise...

## 6. QUESTION DESCRIPTIVE D'UNE SITUATION UNIQUE

Les réponses seront différentes selon que la personne pose une question générale (« En quoi consiste votre travail de contrôleur de gestion ? ») ou une question descriptive d'une situation unique située dans l'espace et le temps (« Pouvez-vous, par exemple me décrire ce que vous avez fait au travail ce matin ? »).
La réponse à la question générale se construit à partir d'une sélection, même involontaire, de **ce qu'il est convenu de faire ou de dire habituellement.**
La réponse sur le même sujet à la question descriptive d'une situation unique, peut révéler à travers la réalité concrète concernée, **d'autres informations auxquelles la personne ne pensait pas, trouvait secondaire ou moins valorisante...**

Ainsi dans l'exemple ci-dessus, le fait de passer deux heures à rectifier le brouillon de présentation d'un rapport de gestion était une tâche fréquente que la personne effectuait, mais qui n'apparaissait pas dans la réponse à la question sur le « travail que faisait habituellement le contrôleur de gestion ».

## 7. QUESTION ORIENTÉE

Elle est nettement élaborée sous une forme conviant l'interlocuteur à « adhérer à une pensée préexistante », à réagir à une invitation orientant la réponse dès la question. Ce sont toutes les questions du type « Ne pensez-vous pas que… ? », « Ne faudrait-il pas… ? ».

## 8. QUESTION PROVOCANTE

La question inclut une allusion à la personne ou à ses croyances qui peut amplifier l'intensité de la réponse, fausser celle-ci, amener à fuir, ne pas répondre, riposter ou provoquer en retour. Par exemple : « À vous voir habillé comme cela…, est-ce que… ? », « Je sais que vous ne serez pas d'accord, mais pourriez-vous me dire si dans ce cas vous… ? », « À votre âge… ? », « N'avez-vous pas honte de… ? », « Vous êtes bien jeune pour… », etc.

Le jugement de l'autre personne ou de son appartenance est dans la question. Ici aussi la question peut davantage attirer une réaction de la personne qu'une réponse simplement centrée sur le fond.

Les journalistes qui utilisent ce type de question, reçoivent en retour parfois, une vigueur et une vérité de réponse autant qu'une réaction d'humeur ou une fuite. Ici aussi l'éthique de l'écoute questionne l'éthique de la parole : qu'est-il bon de dire / faire face à une provocation ? Comment la réponse sera-t-elle entendue ? Et où mènera-t-elle si l'interaction continue sur ce mode ? Notons aussi que l'écoute de ce type de question-réponse peut se situer à un niveau d'humour qui fonctionne bien en cas d'humour partagé.

## 9. QUESTIONS DIFFÉRENCIÉES PAR LE CHOIX DES MOTS

Le seul changement d'un mot dans une question, dont la syntaxe et l'intention sont pourtant identiques, va influencer la réponse. Ceci, en raison de la « **représentation** » du mot qu'en a l'autre personne, de ses expériences antérieures, de la charge émotionnelle qu'elle y rattache.

### A. LE CHOIX DE NOMS COMMUNS

« Tel pays appelle des volontaires, seriez-vous prêt à partir pour que la guerre se termine ? »

« Tel pays appelle des volontaires, seriez-vous prêt à partir pour arriver à la paix ? »

La différence de mot, « guerre » dans la première question, et « paix » dans la seconde, va éveiller une réponse différente parce que selon les uns et les autres ces mots renvoient à leurs propres représentations.

Une personne a frôlé une dame âgée dans la rue sans le faire exprès de son point de vue. Cette dernière glisse et se foule la cheville.

La question : « Seriez-vous prête à faire des excuses, suite à cet accident ? » entraîna un « non ». En effet le mot « excuses » renvoie à faute et culpabilité, alors que la personne s'estimait non responsable. La personne âgée interpréta cette réponse et se dit qu'elle avait à faire à quelqu'un d'insensible.

La même personne, à qui on demandait plus tard : « Seriez-vous prête à exprimer des regrets ? » formula la réponse « oui, bien sûr ! », car elle « regrettait » profondément ce qui était arrivé à cette personne âgée.

De même, une question sur la reconnaissance d'une « faute » commise peut appeler un « non », alors que la reconnaissance d'une « erreur » peut appeler un « oui ». L'erreur est humaine et acceptable. La faute est grave et lourde à porter. Souvent il nous arrive de dire à l'encontre d'une personne : « Elle ne reconnaît pas ses fautes ! » alors que la réalité est plus complexe, elle appréhende non seulement le contenu de la question mais aussi ce que la personne vit et traduit en elle.

Il s'agit d'écouter la réponse et ce qu'il peut y avoir derrière. Comprendre ce qu'il y a derrière le mot, qui peut être différent de notre interprétation. Explorer ce que cela signifie pour la personne en la questionnant à nouveau : « Qu'est-ce qui vous amène à dire cela ? Pourquoi dites-vous cela ? Qu'est-ce qui fait que vous dites ou faites cela ? Qu'est-ce qui est important pour vous en disant cela ? » Etc. C'est particulièrement important dans les situations d'accompagnement telles que le « coaching », d'aide, de conflit et de médiation. Si l'une des parties n'approfondit pas ce que fait apparaître l'autre, le médiateur par ses questions d'approfondissement va l'y aider.

## B. LE CHOIX DES ADJECTIFS OU ADVERBES

Qu'est-ce qui a fait que vous lui avez répondu « vigoureusement », « rigoureusement », « du tac au tac », « radicalement », etc. avec les mêmes logiques, conduit à des contenus de réponse différents. L'objectif ici aussi n'est pas de s'empêcher d'utiliser les mots, mais d'être conscient de sa propre influence sur « ce que dit l'autre » en interaction avec « ce qu'on lui a fait dire ».

## C. LE CHOIX DES VERBES

Les questions « Êtes-vous favorable à l'euthanasie qui permet à des gens de ne plus souffrir ? » et « Êtes-vous favorable à l'euthanasie qui permet à des gens de mourir ? », attireront là encore, sans doute des réponses différentes.

Dans les deux cas, le questionneur interprète la réponse donnée en disant : « Voilà ce que pense M^me X ». Mais il oublie qu'elle a pu réagir aux mots : « de ne plus souffrir » ou « permet de mourir ».

## 10. QUESTIONS DIFFÉRENCIÉES PAR LE TEMPS : PASSÉ, PRÉSENT, FUTUR

Enfin, il est important d'écouter le temps du verbe dans lequel une personne invite une autre à parler. Ceci est aussi particulièrement significatif dans la relation d'accompagnement, d'aide, de résolution de conflits, de médiation.

Prenons l'exemple d'une situation-problème ou d'un conflit.

Imaginez qu'il s'agit de la fugue d'une adolescente. Les questions aux parents peuvent être spontanément les suivantes :

- centrées sur le passé : « Qu'est-il arrivé ? »
  « Qu'est-ce que cela vous a fait ?»
- centrées sur le présent : « Qu'est-ce qui se passe maintenant pour vous ? »
  « Comment vivez-vous cela ? »
- centrées sur le futur : « Que pourriez-vous faire ? »
  « Comment cela pourrait se passer ? »

Interrogés sur le passé, les parents disent leur drame : « C'est terrible et ce ne sera plus jamais comme avant ». La personne écoutante prend ce qui est dit à la lettre et considère que le retour actuel de la fille sera trop difficile.

Interrogés sur le futur, les parents imaginent des conditions de réparation radicales mais efficaces pour eux : « Il faut qu'elle s'engage à ne plus jamais le faire. Et qu'elle s'explique. Qu'elle s'engage à parler quand il y a un problème au lieu de s'enfermer ! ». La personne écoutante prend aussi ce qui est dit à la lettre, et estime qu'il n'y a pas trop de problèmes et que la fille peut rentrer.

Dans les deux cas, ce qui avait été dit sur les deux temps, passé et futur, étaient vrais. C'était dramatique et très grave avec un sentiment d'irréparable pour le passé. En même temps, un retour avec engagement fort sur d'autres comportements permettait de réparer.

Dans les faits, chacune avait honnêtement écouté. Mais elles n'avaient pas entendu la même chose. Pas parce que leur interlocuteur avait volontairement censuré ou changé son discours (c'est souvent ce que l'on a tendance à exprimer par : « Mais vous ne me l'aviez pas dit ! »), mais parce que ce qui avait été écouté était le reflet de ce qui avait été demandé. Ce qui autorise parfois bien plus tard ceux qui ont parlé à dire : « Mais vous ne me l'aviez pas demandé ! ».

C'est banal me direz vous, chacun sait qu'il y a trois temps ! Et pourtant, les observations montrent que spontanément on ne pose pas les questions sur les trois temps. Et que, en écoutant la réponse, on en tire des interprétations pour les autres temps. Ce rappel doit nous rendre vigilant pour écouter et se dire : il dit cela parce que je lui ai demandé cela. Mais à un autre temps du verbe (au sens de l'action verbale et de LA PAROLE), ma nouvelle question permet de l'entendre différemment.

# Un exemple d'analyse
# de dix-huit formulations
# de questions : que choisir ?

Voici en liaison avec la fiche n° 26, un exemple d'analyse de questions préparées par un groupe pour un entretien avec un journaliste sur son métier. Comment analyser leur influence sur la réponse écoutée ?

Les consignes sont les suivantes :
Vous avez le projet d'interroger un journaliste sur son expérience.
Vous avez regroupé vos idées de questions par thème.
Très productif, vous avez été amené à imaginer spontanément pour chaque thème diverses questions, souvent fort voisines. Et là, aujourd'hui, il faut choisir. Vous vous interrogez sur l'impact que peut avoir la question sur la personne qui répond. Vous analysez et différenciez les effets possibles de ces questions pour choisir en examinant les avantages et inconvénients possibles de chacune.

Nous avons ajouté, en dessous de chaque ensemble de questions imaginées, une analyse des formulations.

## CONTENU DES EXPÉRIENCES

### QUESTIONS FERMÉES (1, 2, 3)

1. « Vous avez travaillé plutôt dans le contexte politique ou dans le contexte social ? »
2. « Travaillez-vous dans un seul domaine ou dans plusieurs ? »
3. « Êtes vous un journaliste spécialisé ou un journaliste généraliste ? »

Ce sont toutes des **questions fermées** : Elles appellent un choix entre deux réponses. Celui qui recherche de l'information n'a pas à s'étonner de ne pas en recevoir beaucoup. C'est lui-même qui en appelle peu. Celui qui répond peut développer, mais il a pratiquement rempli le contrat « question - réponse » en prononçant un seul mot.

La **question 1** présente un danger, car celui qui la pose n'imagine que ces deux domaines. Le journaliste doit choisir entre ces deux-là alors qu'il a peut-être **d'autres domaines d'activité**.
La **question 2** recouvre bien (un ou plusieurs) la totalité des possibles. Mais elle appelle **peu d'information** sur le contenu. Elle est uniquement **quantitative**. Alors que la question 4 ci-après par exemple, appelle en même temps le nombre et le contenu des domaines.

La **question 3** enferme (comme pour la question 1) le journaliste entre deux réponses ; alors qu'il peut être spécialisé tout en restant généraliste. Certains diront que la personne questionnée est libre de rectifier l'erreur de la question. Mais il a été constaté que, pour ne pas gêner le questionneur, par paresse, par inadvertance comme par politesse, **la personne questionnée peut faire entendre à la personne qui questionne, ce que celle-ci a envie d'entendre** de son découpage de la réalité, même si celui-ci est faux.

### QUESTIONS OUVERTES (4, 5, 6)

4. « Dans quels **domaines** travaillez-vous ? »
5. « Quelles sont vos **spécialités** en tant que journaliste ? »
6. « Pourriez-vous parler de vos **expériences** de journaliste ? Oui ? Quelle est cette expérience ? »

### QUESTIONS TRÈS OUVERTES (7, 8)

7. « Je vous propose de parler de **votre expérience** de journaliste et de **tout ce que cela évoque pour vous** »
8. « **De quoi aimeriez-vous parler** si je vous proposais de parler de **votre métier ?** »

Ce sont des questions appelant un choix parmi une infinité de réponses possibles. À partir de ces questions comparables une réflexion peut être menée sur les trois mots utilisés selon la question : **domaines, spécialités, expériences** (questions 4, 5, 6) Ces trois mots, posés à une même personne, **appelleraient-ils en elle des réponses identiques ?**

De même, pour les mots **évoquer** (question 7), et **aimer parler de** (question 8), on retrouve là la réflexion sur l'écoute de la réponse de l'autre comme possibilité de **reflet de l'influence de ses propres mots.**

### PLUSIEURS QUESTIONS EN UNE SÉQUENCE, à quoi répondra l'interlocuteur ?

« Quelles sont vos spécialités en tant que journaliste ? Les avez-vous choisies ? Vous ont-elles été imposées ? Le travail est-il le même dans les différents domaines ? Est-ce vous ou la rédaction en chef qui décide du contenu final de l'article ? »

Le questionneur pose ici **plusieurs questions en même temps.** Ceci rend particulièrement difficile la réponse : la personne questionnée ne sait pas auxquelles répondre ou en oublie une partie.

Notre conseil est de toujours poser **une seule question à la fois**, au maximum deux.

## ÉVALUATION DES EXPÉRIENCES

### QUESTION OUVERTE AVEC APPEL À CLASSIFICATION

9. « **Quelles sont les expériences** qui vous ont le plus intéressé et celles qui vous ont le moins intéressé ? »

### QUESTION AVEC MISE EN SITUATION PRÉALABLE

10. « **Vous avez évoqué vos diverses expériences de journaliste. Elles sont nombreuses et variées, dans divers pays et journaux.** Pourriez-vous parler de celles qui vous ont le plus intéressé et de celles qui vous ont le moins intéressé ? »

### QUESTION AVEC APPEL À PRÉCISION

11. « **Pourriez-vous me dire précisément** ce qui vous a intéressé et ce qui vous a déplu dans vos expériences de journalisme ? »

Ces trois questions **invitent à organiser le fond** dans la forme de la réponse en classant les contenus en catégories (ce qui a plus intéressé, ce qui a moins intéressé, ce qui a déplu).

Les trois questions visent le même objectif mais :
– La question 9 semble **la plus courte et simple ;**
– La question 10, avec le même objectif que la question 9, est **précédée d'une mise en situation préalable.** Le questionneur peut juger que, avant de poser sa question, il est utile **de faire revenir à la mémoire** de la personne qu'il va écouter **les situations** qu'il veut évoquer avec elle. Il lui laisse ainsi quelques secondes pour retrouver d'abord les situations concernées. Ici, il est fait référence aux différents pays et aux différents journaux avant de faire choisir ce qui a le plus et ce qui a le moins intéressé ;
– La question 11 ajoute **la nuance « précisément ».** La réponse en sera-t-elle modifiée ? De même, lorsqu'on termine une question par « par exemple ?», comment cela transforme t-il (ou parfois pas) la réponse ?

### QUESTION À CHOIX MULTIPLE, QUESTION ORIENTÉE

12. « Qu'aimez-vous dans le journalisme : **La diversité, le contact, le fait d'apprendre des choses nouvelles ?** » ou « Ne trouvez-vous pas que le journalisme apporte **la diversité, le contact, le fait d'apprendre des choses nouvelles ?** »

La question 12 **suggère plusieurs réponses.** Le risque est que la personne, invitée à choisir en fonction des mots de la question se limite à cette invitation alors que spontanément, elle aurait pu répondre d'autres choses, auxquelles le questionneur n'a pas pensé. On retrouve là dans l'écoute le phénomène décrit pour la question 3 ci-dessus. On écoute l'écho de sa propre question et non le fond de la réponse de l'autre.

Ce phénomène est plus profond qu'il n'y paraît. Par crainte de mettre l'autre mal à l'aise, pour lui faciliter la tâche ou plus simplement, parce qu'on imagine l'autre à partir de soi, on peut avoir tendance à commencer à répondre pour lui dans la question, avant de lui repasser la parole. C'est le cas pour toute la série des questions commençant par : « Ne pensez-vous pas que » qui signifie « Vous pensez bien ce que je pense, n'est-ce pas ? ». On parle alors de « **question orientée** » bien différente d'une question ouverte du type « Que pensez-vous de... ? »

*QUESTION OUVERTE*

13. « Qu'aimez-vous dans le journalisme ? »

*QUESTION FILTRE*

14. « Y a-t-il des aspects que vous aimez et des aspects que vous n'aimez pas dans le journalisme. **Si oui, lesquels ?** »

La question 14 illustre l'usage de « filtre ». Avant de poser une autre question sur le fond **le questionneur vérifie** si la personne fait partie d'une catégorie pour laquelle **la question suivante est justifiée.** Elle filtre.

**PERSPECTIVES D'AVENIR**

*QUESTION FILTRE ET QUESTION OUVERTE*

15. « Avez-vous des projets pour le futur ? **Si oui, les quels ?** »

*QUESTION PRÉJUGEANT D'UNE ORIENTATION DE RÉPONSE ET OU-VERTE*

16. « **Vous avez certainement des projets** pour le futur. Lesquels ? »

*QUESTION OUVERTE*

17. « **Quels sont vos projets** pour le futur ? »

La question 15 filtre, comme pour la question 14. La question 16 illustre une « **pression »dans la question**, préjugeant de la réponse. La question 17 est une question simple directe et concise, mais elle pré-suppose aussi l'existence de projets. L'interlocuteur peut se forcer à en dire pour faire plaisir à l'écoutant ou pour « faire bien », alors qu'il n'en a pas vraiment. Cette présupposition est beaucoup plus appuyée dans la question 16 avec l'emploi du mot « **certainement** ». Alors que la question 15 vérifie d'abord s'il y a des projets. C'est l'intérêt de la rigueur de la question filtre.

Ces remarques, perçues parfois comme des nuances infimes, constituent en fait **la rigueur du langage par rapport à la réalité.** Il nous semble qu'à la rigueur (c'est-à-dire ici la proximité par rapport à la réalité) des questions correspond en miroir la rigueur des réponses de celui qui parle et que l'on écoute.

# Différents types de réponses

S'écouter dans ses réponses et écouter les réponses de l'autre.
Quelles sont ces réponses ? Comment apparaissent-elles à un observateur extérieur?

Nous proposons une grille d'analyse des TYPES DE RÉPONSE. Elle permet d'affiner l'écoute.

La réponse peut être plutôt :

| | | |
|---|---|---|
| Brève | ou | Longue |
| Précise | ou | Vague |
| Immédiate | ou | Avec un temps de réflexion préalable |
| Directe | ou | À côté (fuite) |
| Concise | ou | Détaillée ou délayée |
| Assurée | ou | Hésitante |
| Générale | ou | Personnelle |
| Non engagée | ou | Engagée |
| Tranchée | ou | Nuancée |
| À tendance positive | ou | A tendance négative |
| Contenue | ou | Agressive |
| Pertinente | ou | Non pertinente |
| Argumentée | ou | Non argumentée |
| En regardant | ou | Sans regarder les interlocuteurs |
| Audible | ou | Inaudible |
| Avec geste | ou | Sans geste |
| Personnelle (je) | ou | Générale (on, il) |
| Aisée | ou | Gênée |
| Dans le sujet | ou | Hors sujet - Contournant le sujet |
| Avec un plan net | ou | Sans plan repérable |
| Impassible | ou | Expressive |

# Silence plein et silence vide

Faut-il intervenir quand il y a un silence ou le laisser ?
Combien de temps? Quelques secondes ? Plus ?
Comment permettre la maturation de la pensée et de la parole si on se sent obligé d'intervenir dès qu'il y a silence ?

La qualité de silence fonde l'écoute. Mais souvent, dans le quotidien, on se force à rompre le silence. Il gêne, dans le « corps à corps », sans l'intermédiaire de mots. Parfois on s'oblige à parler et parler encore (quoiqu'on dise) tellement le silence inquiète, angoisse, renvoie à la solitude. Et pourtant, il est utile, parfois agréable et reposant. Il constitue une pause. Comme dans une composition musicale, il est peut-être le début d'un nouvel élan.

En situation d'écoute active, que faire ? Issus de la psychosociologie (dans le cadre du travail d'enquête par interview), deux concepts nous aident à nous comporter de façon juste. Ils affinent la notion de silence en le caractérisant plein ou vide. Il s'agit ici d'impressions intuitives dans la relation à travers le silence.

### QU'EST-CE QU'UN SILENCE PLEIN ?

C'est un silence où l'on a l'impression d'un temps « plein » d'arrivées d'idées, de réflexions, d'interrogations, etc.

Celui qui regarde l'interlocuteur a le sentiment qu'il « prend son temps » et réfléchit. Ce temps est précieux. Ce silence plein, il est utile de laisser.

### QU'EST-CE QUE UN SILENCE VIDE ?

C'est un silence où l'on a l'impression qu'il ne se passe rien pour l'autre, silence d'ennui, de vide de la pensée.

Celui qui regarde l'interlocuteur, a le sentiment qu'il attend « la suite des évènements ». Ce temps est un indicateur pour avancer. Il faut relancer ce dernier.

### QUE FAIRE SI J'HÉSITE ?

Souvent il est intéressant de laisser le silence, même si l'on se sent mal à l'aise, ceci en particulier si l'on traite de sujets délicats ou difficiles. Si on continue à bien écouter avec patience et bienveillance, l'autre peut entendre le silence comme une question muette, une invitation à continuer.

À la rigueur, dans le doute, on peut aussi demander : « Voulez-vous un temps de réflexion ? » Au-delà de la gêne du silence, on se sera mis d'accord ensemble sur sa fécondité.

# Les « attitudes de porter »

Nous proposons dans cet ouvrage un ensemble de fiches fondées sur les « attitudes de Porter ». Les exercices qui y sont décrits ont pour objectif de former à l'écoute « compréhensive » par le biais de la pratique de l'entretien « non directif ».

Il nous semble utile à la fois, d'apporter un certain nombre de précisions pour faciliter la mise en œuvre de ces exercices, et de définir les termes d'« attitude » et de « comportement » souvent interchangeables dans le langage courant.

## ATTITUDE

Manière d'être - intérieure - face à une personne, à une situation, à un texte ou à tout autre objet (par exemple: adhésion, indifférence, rejet etc.). L'attitude peut être inconsciente et plus ou moins stable. Nous distinguerons « attitude » et « comportement ».

## COMPORTEMENT

Les « comportements » sont des manières de dire, de faire, de paraître : paroles, mimiques, postures, etc. C'est donc à travers les « comportements » d'une personne, que l'on peut se faire une idée de ses attitudes.

### Un peu d'histoire sur l'écoute empathique et la non-directivité
### L'apport de Carl Rogers

L'orientation non directive inscrite au départ dans la psychothérapie s'est étendue en France aux méthodes de recherche en sciences sociales vers les années 70, lorsque furent traduits des ouvrages fondamentaux comme : *Le développement de la personne*[4] de Carl Rogers et *L'orientation non directive en psychothérapie*[5] de Carl Rogers et G. Marian Kinget.

La pratique de la thérapie rogerienne, « centrée sur le client » se caractérise par une attitude « non directive ». Le praticien « s'abstient de toute activité interventionniste telle celle d'explorer l'expérience du client, d'interpréter celle-ci ou de guider le client dans ses exploitations ou interprétations. Cette abstention s'impose eu égard au but poursuivi : l'autonomie du client en tant que personne. ».

---

4. Dunod, Coll. Organisation et Sciences humaines, 1970.
5. B. Nauwelaerts, Presses Universitaires de Louvain, coll.Studia Psychologica, Paris 1973.

Cette pratique repose sur **l'empathie** du thérapeute par rapport au client. G.M. Kinget en donne la définition suivante : « Capacité de vraiment se mettre à la place d'un autre, de voir le monde comme le client le voit », ce qui fait appel à une « sensibilité altérocentrique ».

Le thérapeute développe par rapport au client les attitudes fondamentales que sont :

– la « compréhension », c'est-à-dire « l'appréhension du sens des paroles ou autres moyens d'expression employés par le client » ;
– la permissivité ou tolérance ;
– l' « acceptation du client dans sa totalité, tel qu'il existe *hic et nunc* ».

*Le repérage des « attitudes » comme méthode de formation à l'écoute « compréhensive »*

G.M. Kinget envisage, dans le tome II de l'ouvrage cité ci-dessus, la formation des thérapeutes et leur formation à la pratique de la non-directivité : « Attitude ne veut pas dire « qualité innée ». Comme tout phénomène psychologique évolué, elle représente le résultat d'un apprentissage ».

Pour mettre en œuvre cet apprentissage, elle propose une « sélection de matériel et d'exercices empruntés à ce qui – dans les programmes de formation thérapeutique – s'appelle le prepracticum ».

Il s'agit tout d'abord **d'être capable d'identifier différentes attitudes** à partir d'une classification établie par E.H. Porter dans son ouvrage *Introduction to therapeutic counselin* (Boston, Hougton, Mifflen, 1950).

Porter considère que dans la relation interpersonnelle on peut mettre en œuvre une attitude « estimative », « interprétative », « rassurante », « exploratrice », « compréhensive ». Il propose, à des fins pédagogiques, de classer en fonction de cette grille d'attitudes les réponses proposées pour un même énoncé, l'objectif étant de bien différencier les attitudes pour maîtriser le développement de l'attitude « compréhensive ».

L'une des « techniques » qui eut le plus grand impact fut la « **réponse-reflet** » ou « **reformulation** » que G.M. Kinget explicite ainsi : «Puisque le thérapeute rogérien ne vise ni à juger, à interroger ou rassurer, ni à explorer ou interpréter, qu'au contraire, il vise à participer à l'expérience immédiate du client, il s'ensuit tout naturellement que les réponses doivent épouser la pensée de celui-ci au point de la reprendre et de la lui rendre sous une forme équivalente ou, tout au moins reconnaissable comme sienne. D'où la réponse caractéristique de l'approche rogérienne s'indique du nom « reflet » (…) Refléter consiste à résumer, à paraphraser ou à accentuer la communication soit manifeste soit implicite du client. ». Cette réponse-reflet correspond à l'attitude dite de « compréhension ».

## L'utilisation de la formation aux « attitudes de Porter » dans la formation à la communication

L'une des difficultés est de « faire comprendre » aux participants profanes ce que recouvre la notion d'écoute « compréhensive » et l'incidence qu'une telle attitude peut avoir sur l'expression de celui qui parle. C'est pourquoi la première démarche consiste à les confronter à la diversité des attitudes susceptibles d'être adoptées face à un même énoncé. Cette phase de prise de conscience précède le repérage des attitudes. Ce n'est qu'après ces exercices préparatoires qu'il est possible de travailler sur la pratique de l'attitude d'écoute « compréhensive » en entretien, en réunion, etc.

Il est important que les participants puissent associer cette notion d'attitudes aux échanges de la vie quotidienne et la mettre en lien avec leur propre expérience. C'est pourquoi l'animateur évite, du moins au départ, les exemples complexes. Nous proposons donc, dans un premier temps, de partir d'un situation banale.

**Exemple 1 :** Deux interlocuteurs (collègues, condisciples, couple, amis...)

Enoncé de l'un d'eux : « J'ai mal à la tête »

Réponses possibles relevant des différentes attitudes :
— **Décision-conseil :** On indique de façon péremptoire ou atténuée ce qu'il faut / faudrait faire : « Tu n'as qu'à prendre de l'aspirine » / « Ce serait bien que tu te reposes ».
— **Aide-soutien :** On propose une aide matérielle ou morale : « Je pourrai finir ton travail si tu le souhaites » / « Veux-tu que je te raccompagnes chez toi en voiture ? ».
— **Évaluation :** On porte un jugement de valeur, positif ou négatif, sur la personne ou sur le problème : « Tu as du mérite de rester là ! » / « Tu es toujours mal fichu !» / « Il y a des choses plus graves que ça ! ».
— **Enquête :** On explore le problème en questionnant l'interlocuteur : « Sais-tu pourquoi tu as mal à la tête ? » / « Est-ce que c'est très violent ? » / « Qu'est-ce qui te soulage d'habitude ? » / « As-tu d'autres symptômes ? ».
Attention : Les questions doivent être le plus « neutres » possible : La forme interrogative peut en effet recouvrir une affirmation ou une interprétation déguisées : « Tu ne crois pas que tu devrais te reposer ? » (= décision-conseil), « Tu n'aurais pas bu un peu trop ? » (= interprétation).

- **Interprétation :** On associe aux propos de l'interlocuteur un sens, une explication, un diagnostic que l'on suppose justes : « Tu as encore fait la foire toute la nuit ! » C'est une attitude qui se révèle souvent dans des commentaires à résonance psychanalytique et qui peut s'avérer violente pour celui qui les reçoit, qu'ils soient ou non fondés : « C'est ta façon de fuir la situation ! ».
- **Compréhension (Écoute) :** On renvoie à l'interlocuteur, en écho ou en miroir, le contenu de ses propos, sans les interpréter, l'invitant ainsi à continuer à parler. Dans notre exemple, la réponse serait « tu as mal à la tête », qui peut sembler insolite sauf si l'énoncé de ce malaise est un appel, une sollicitation. Dans la vie quotidienne on dit rarement « écoute-moi », mais on attire l'attention sur soi autrement. Si c'est le cas dans l'exemple que nous avons pris, l'interlocuteur continuera par un énoncé du style : « Tu sais, avec ce qui m'arrive... ».
- **Fuite :** On échappe à la sollicitation et on « se défile » de toute implication. « C'est ton problème ! » / « On a tous nos misères » / « Ça va passer ! » / « C'est rien ! ». Cette attitude inclut les réponses telles que, « J'ai pas le temps ! », ou les recours aux proverbes (par exemple « Un de perdu, dix de retrouvés ! », réponse « classique » servie dans le cas d'une rupture !).

**Exemple 2 :** Un choix à faire sur le plan professionnel

Énoncé : « Il faut que je me décide ; ou bien j'accepte le poste pépère qu'on me propose , la routine, l'ennui à brève échéance mais la sécurité de l'emploi et des revenus corrects, ou bien je me lance dans la création d'entreprise avec X , l'aventure, le mouvement mais du point de vue du fric, l'inconnu, qu'est-ce que tu en penses ? »

Réponses possibles :

- **Décision-conseil :** « N'hésite pas ! Fonce avec X ! » / « Tu devrais attendre de voir comment démarre la boîte de X, sois prudent ! » / « Va voir un psy ! ».
- **Aide soutien :** « Tu veux qu'on prenne le temps d'en discuter ? » / « J'ai un ami qui travaille dans la boîte où on te propose du boulot, je peux te le faire rencontrer si ça t'intéresse ».
- **Évaluation :** « Tu ne te poses pas les bonnes questions ! »/ « T'es plutôt hésitant dans ton genre ! » / « Tu n'as jamais su te décider depuis que je te connais ! ».
- **Enquête :** « En quoi consistent l'un et l'autre emplois ? » / « Quel poste te propose t-on dans la boîte ? » / « Y a-t-il une mise de fonds avec X ?».

- **Interprétation :** « En fait tu voudrais l'un et l'autre, l'aventure et la sécurité ! » / « Je suis persuadé que tu as déjà décidé de rester pépère mais que tu voudrais que je cautionne ton choix parce que tu en as honte ! ».
- **Compréhension (Écoute) :** « Si je comprends bien tu hésites entre un poste aux revenus sûrs mais routinier et la création d'entreprise, sans assurance financière mais qui a un goût d'aventure ».
- **Fuite :** « C'est toi qui vois ! » / « Tire à pile ou face ! » / « Chacun ses problèmes de boulot ! ».

Ce recensement sépare, à des fins pédagogiques, les différentes attitudes. Mais dans l'expérience quotidienne, elles sont la plupart du temps entremêlées dans un énoncé.

Par exemple : « On peut parler de tes choix si tu le veux (soutien) ; en général tu réfléchis et tu prends des décisions sensées (évaluation) ; qu'est-ce qui te plaît et te déplaît dans les deux perspectives ? (enquête) ».

En ce qui concerne l'attitude de compréhension (ou écoute), elle se combine avec d'autres attitudes qu'elle permet de développer à meilleur escient :
- Écouter pour soutenir.
- Écouter pour poser les questions opportunes.
- Écouter pour donner des conseils adéquats à l'interlocuteur.
- Écouter pour « fuir » quand on n'a pas la compétence de répondre à la demande.

Il ne s'agit donc pas de prôner l'attitude de « compréhension » (Écoute) comme la seule acceptable mais d'être capable de la mettre en œuvre dans les situations qui la requièrent et de la combiner au mieux avec les autres attitudes.

# Les différents types d'entretien

La différentiation des types d'entretiens que nous proposons ci-après se fait à partir du degré de « directivité » et de « non-directivité » que l'interviewer pratique.

**L'entretien « directif »**

L'interviewer décide des thèmes à explorer, de leur enchaînement, pose des questions au fil de l'entretien, réagit aux propos de l'interviewé, sollicite son avis (« que pensez-vous de ? », « pensez-vous que ? »).

Pour résumer on peut dire que ce qui prime, c'est la logique de l'interviewer, ses centres d'intérêt, sa curiosité, la vérification de ses présupposés, l'atteinte de ses objectifs quant au matériel à recueillir.

**L'entretien « non-directif »**

La logique de l'interviewé préside au déroulement de l'entretien. L'interviewer lance le thème en évitant toute induction quant à la manière dont le contenu est abordé, pratique une écoute attentive (voir ci-après « l'attitude de compréhension »). Sa démarche consiste à accompagner l'interviewé dans son propre cheminement.

Ce type d'entretien permet à l'interviewé de s'exprimer comme il le souhaite, de parler de ce qu'il veut ou choisit, de parler de lui ou de rester dans le non dit. Ce que l'interviewer pourrait considèrer comme « hors sujet » ou « digression » fait partie intégrante de l'entretien. Notons que ce type d'entretien est également appelé « entretien centré sur le sujet ».

L'entretien « non directif » conçu par Carl Rogers est, à l'origine, à visée thérapeutique. Dans le cas d'entretiens ayant une autre visée, certains principes doivent être revus. Ainsi l'entretien « non-directif » d'enquête n'est pas généralement « centré sur le sujet », mais plutôt sur la relation de l'interviewé à un problème, à une situation, à un événement...

Toutefois la « non-directivité » impliquant une totale neutralité de la part d'un interviewer qui n'influencerait en rien les propos de l'interviewé est une notion à relativiser. En effet, par ce qu'il donne à voir à l'interviewé, par ce qu'il suscite comme projections de sa part, par ce que l'intonation de sa voix, l'expression de son regard, la formulation de ses relances peuvent induire, l'interviewer « agit » sur l'interviewé .

**L'entretien « semi–directif »**

Il faut éviter le malentendu que peut suggérer la dénomination de ce type d'entretien. Il ne s'agit pas de faire alterner attitude « directive » et attitude « non-directive » au gré de l'intérêt de l'interviewer.

Préalablement à l'entretien l'interviewer et, éventuellement, l'équipe avec laquelle il travaille ont décidé d'explorer certains thèmes. Pendant l'entretien l'interviewer mène son entretien de façon à laisser l'interviewé suivre son propre cheminement mais il est attentif à recueillir des informations sur les thèmes prédéfinis (voir la conduite d'un entretien « semi-directif » page suivante).

**RAPPEL :** L'ATTITUDE DE COMPREHENSION

C'est une des attitudes dites de « Porter », collaborateur de Carl Rogers. Il ne faut pas ici prendre « compréhension » dans le sens de « se montrer compréhensif ». Il ne s'agit ni d'approuver, ni d'encourager, mais d'écouter ce que dit l'interlocuteur en s'efforçant ouvertement de comprendre le sens de ce qu'il dit. L'« attitude de compréhension » est importante à travailler parce qu'elle est efficace dans certains types d'entretiens et parce qu'elle n'est pas naturelle. Les attitudes d'enquête directive (de questionnement), de support (de soutien) et de décision (de suggestion) sont beaucoup plus fréquentes et spontanées face à un interviewé. L'« attitude de compréhension » – à travers notamment la « reformulation » – est une méthode d'entretien que l'on choisit dans un but précis et que l'on travaille; la difficulté est d'être « naturel » dans cette attitude alors qu'elle n'est pas spontanée.

Une autre difficulté vient du type d'entretien que l'on pratique. Carl Rogers parle d'abord en psychothérapeute. L'entretien thérapeutique rogérien est centré sur la personne. Si sa méthode est appliquée à l'entretien d'enquête, l'attitude de compréhension doit davantage se centrer sur les problèmes et les faits évoqués par l'interviewé. L'objectif n'est pas nécessairement d'aider la personne à évoluer, comme dans un entretien thérapeutique ou un entretien d'orientation.

# La conduite d'un entretien
## « non-directif »

### Avant l'entretien

– annoncer à l'interviewer potentiel le contexte dans lequel s'inscrit l'entretien et   le thème sur lequel il porte. Il s'agit de   présenter celui-ci globalement sans en préciser les attentes que ce soit et en insistant bien auprès de l'interviewé sur le fait que c'est **son** expérience, **son** « vécu », **sa** position, qui est au cœur de l'entretien et qu'il est libre de développer son discours comme il l'entend ;
– expliquer à l'interviewé qu'il n'est pas soumis à des questions et qu'il n'y a ni discussion ni échanges pendant l'entretien. L'interviewer est strictement à son écoute ;
– annoncer la durée souhaitée de l'entretien et si celui-ci est enregistré, le préciser.

Si ces modalités qui constituent le « protocole » de l'entretien sont acceptées par la personne sollicitée, il convient de prendre un rendez-vous aux convenances de l'interviewé.

Il est préférable de laisser quelques jours entre la présentation du protocole et l'entretien : cela permet à l'interviewé d'assumer son engagement et de ne pas se sentir contraint. En outre, cela lui donne du temps pour que le thème chemine dans son esprit.

Rappelons que pour être disponible à la parole de l'interviewé, l'interviewer devra être au clair avec sa propre relation au thème de l'entretien (représentations, hypothèses, *a priori*…).

### Au démarrage de l'entretien

– rappeler le protocole ;
– introduire l'entretien par une « invitation » à la parole et non par une question, (« vous … j'aimerais que vous m'en parliez », « j'aimerais que vous me racontiez… ») ;
– éviter, pour faciliter la prise de parole, toute formulation qui impliquerait un raisonnement, une structuration du discours, une argumentation, une justification (ne pas déclarer : «   me dire ce que vous en pensez », « m'expliquer les raisons pour lesquelles… ») ;
– laisser l'interviewé choisir la façon d'aborder le sujet   même s'il sollicite une orientation, (« de quoi voulez-vous que je vous parle ? »… « de ce que vous voulez, qui vous vient à l'esprit »).

## Pendant l'entretien

**L'attitude d'écoute** dans le cadre d'un entretien « non directif » implique de la part de l'interviewer la capacité à :
- entrer, pour le comprendre, dans la logique de l'interviewé, dans son système de représentations, de valeurs ;
- maîtriser ses tentations de poser des questions pour en savoir plus, de polémiquer, d'argumenter, d'évaluer ;
- supporter de se taire.

Pendant l'entretien, il veille à :

- traduire physiquement son attention et son intérêt ;
- accepter – et supporter – le silence qui permet à l'interviewé de se ressourcer, de réfléchir ;
- faire des relances en prenant appui sur les propos de l'interviewé quand celui-ci s'arrête et ne reprend pas de lui-même ;
- faire des reformulations – synthèses les plus fidèles possible en cas de silence ou pour conclure ;

et aussi à :
- ne pas interrompre l'interviewé ;
- ne pas poser de question ;
- ne pas porter de jugement de valeur ;
- ne pas entrer dans une discussion ;
- ne pas faire d'interprétation ;
- ne pas relever les contradictions.

## À la fin de l'entretien

- ne pas arrêter l'entretien s'il dure plus longtemps que prévu mais attendre un silence ;
- demander à l'interviewé s'il a quelque chose à ajouter ;
- le remercier pour l'entretien ;
- lui demander éventuellement de répondre à quelques questions le concernant (il peut être nécessaire pour exploiter un entretien d'avoir certains renseignements relatifs à l'interviewé) ;
- s'il le désire, discuter (enfin !) avec lui.

# La conduite d'un entretien
## « semi-directif »

L'entretien « semi-directif » démarre selon les mêmes modalités que l'entretien « non-directif ».

Au cours de l'entretien, l'interviewer est sensible, dans le discours de l'interviewé, à l'émergence des thèmes sur lesquels il souhaite recueillir l'expression de celui-ci.

Si ces thèmes sont abordés, il profite d'un temps de pause pour le relancer sur le thème évoqué, en inscrivant son intervention dans la continuité des propos tenus : « Vous avez abordé / évoqué /mentionné (le thème), pourriez-vous m'en dire plus / m'en parler/ j'aimerais que vous m'en parliez ».

Il se peut que l'interviewé n'aborde pas spontanément tout ou partie des thèmes souhaités. Dans ce cas, après un temps d'écoute conforme à l'attitude que requiert l'entretien « non directif » l'interviewer introduit le( s) thème(s) mais en veillant bien à ne pas créer, de rupture qui tendrait à faire croire à l'interviewé que ce qu'il a dit auparavant était inintéressant ou hors sujet. Il crée un lien avec les propos tenus : « Vous avez donc abordé la question de... et de..., je souhaiterais également que vous me parliez de (le thème) ». Une fois le thème lancé, l'interviewer respecte les règles propres à l'interview « non directif » (écoute, neutralité, relance-reformulation).

Il convient d'éviter le malentendu qui consiste à penser que l'entretien semi - directif permet de poser des questions directes à propos des thèmes retenus !

# Entrer dans l'écoute par le jeu ?

Une partie des fiches de cet ouvrage propose d'entrer dans le travail de l'écoute par le jeu.

L'écoute a une image plutôt sérieuse. Celle de celui qui écoute! Certaines fiches abordent le travail en bousculant quelque peu cette image. Nous proposons même des exercices de non-écoute (fiches 32, 33, 34).

Si l'on n'y prend garde, l'interviewer qui se retient de discuter peut ressembler à un guichet ou à un robot : « Voilà, je suis neutre, je m'abstiens de toute réaction, car cela risquerait de perturber mon attention et d'influencer mon interviewé ! ». N'est-il pas dans ce cas, plus simple de remplacer l'interviewer par une machine enregistreuse ?

En fait, écouter ne demande pas nécessairement de rester froid. Depuis quelques années, des psychanalystes ont même proposé de concevoir leur écoute en partie à travers le jeu. L'anglais Donald W. Winnicott est de ceux-là. L'idée est de créer des espaces de jeu structurés par quelques règles évolutives. Les interlocuteurs sont invités à faire preuve de créativité. Certaines de nos fiches ont un rapport avec l'approche psychanalytique (fiches 5, 42).

Avec l'École de Palo Alto, les notions de jeu et d'interaction sont au cœur de la conception de la communication (voir les fiches 18, 28, 32, 33, 34, 41).

C'est pourquoi un ensemble de fiches invite résolument à s'entraîner à travers des pratiques venues du travail de l'acteur : exercices sollicitant l'imaginaire (7, 42, 44, 48), le corps (5, 6, 48) et la voix (7, 41, 48), les improvisations théâtrales (8, 17, 33, 34) et le jeu de rôles (18).